CRÍTICA À RAZÃO DUALISTA

O ORNITORRINCO

Francisco de Oliveira

CRÍTICA À RAZÃO DUALISTA

O ORNITORRINCO

Prefácio
Roberto Schwarz

BOITEMPO

O ensaio "A economia brasileira: crítica à razão dualista" foi publicado pela primeira vez em *Estudos Cebrap* n. 2, de 1972, reeditado em *Seleções Cebrap* n. 1, em 1975 e 1976, e transformado em livro pela editora Vozes, em 1981.

Editora
Ivana Jinkings

Coordenação de produção
Juliana Brandt

Assistência editorial
Ana Paula Castellani

Assistência de produção
Livia Viganó

Revisão
Luiz Chamadoira
Maria Fernanda Alvares

Diagramação
Carolina Yassui

Capa
Maikon Nery
sobre ilustração: Avenida Luís Carlos Berrini, São Paulo, em 1999
Foto: L. C. Leite / AE

CIP-BRASIL. CATALOGAÇÃO-NA-FONTE
SINDICATO NACIONAL DOS EDITORES DE LIVROS, RJ

O47c

Oliveira, Francisco de

Crítica à razão dualista : o ornitorrinco / Francisco de Oliveira. - 1. ed., 4. reimpr. - São Paulo, SP : Boitempo, 2013.

152 p.

ISBN 978-85-7559-036-2

1. Economia - Brasil. 2. Brasil - Política econômica. 3. Brasil - Política e governo. 4. Brasil - Condições econômicas. 5. Brasil - Condições sociais. 6. Capitalismo. 7. Ciência política. I. Título.

13-00474 CDD: 330.981
CDU: 338.1(81)

1ª edição: outubro de 2003;
1ª edição revisada: outubro de 2018;
3ª reimpressão: agosto de 2025

BOITEMPO

Jinkings Editores Associados Ltda.
Rua Pereira Leite, 373
05442-000 São Paulo SP
Tel.: (11) 3875-7250 / 3875-7285
editor@boitempoeditorial.com.br | boitempoeditorial.com.br
blogdaboitempo.com.br | youtube.com/tvboitempo

Para meus amigos e interlocutores do antigo Cebrap.

Para minha tribo e interlocutores do Cenedic: Maria Célia, Cibele, Laymert, Vera, Carlão, Ana Amélia, Carmelita, Leonardo, Néia.

Para Caico – Carlos Fernandez da Silveira –, o inspirador de "O ornitorrinco".

SUMÁRIO

PREFÁCIO COM PERGUNTAS

Roberto Schwarz

Venceu o sistema de Babilônia e
o garção de costeleta
Oswald de Andrade, 1946

O poema em epígrafe condensa, em chave debochada, a decepção histórica de um poeta modernista e libertário com o curso do pós- guerra. As derrotas do nazifascismo na Europa e da ditadura Vargas no Brasil haviam sido momentos de esperança incomum, que entretanto não abriram as portas a formas superiores de sociedade. No que nos tocava, a vitória ficara com o *sistema de Babilônia*, quer dizer, o capitalismo, e com o *garção de costeleta*, quer dizer, a estética kitsch. O resultado da fermentação artística e social dos anos 20 e 30 do século passado acabava sendo esse.

Um ciclo depois, guardadas as diferenças de gênero, os ensaios de Francisco de Oliveira expõem um anticlímax análogo, ligado ao esgotamento do *desenvolvimentismo*, que também vai se fechando sem cumprir o que prometia. Escritos com trinta anos de intervalo, "Crítica à razão dualista" (1972) e "O ornitorrinco" (2003) representam, respectivamente, momentos de intervenção e de constatação sardônica. Num, a inteligência procura clarificar os termos da luta contra o subdesenvolvimento; no outro, ela reconhece o monstrengo social em que, até segunda ordem, nos transformamos. Note-se que o primeiro título aludia à *Crítica da razão dialética*, o livro então recente em que Sartre* procurava devolver à atualidade o marxismo, a própria dialética e a revolução, sob o signo de uma filosofia da liberdade, ao passo que a comparação com o ornitorrinco, um bicho que não é isso nem aquilo (um "herói sem nenhum caráter"?), serve ao crítico para sublinhar a feição incongruente da sociedade brasileira, considerada mais no que veio a ser do que nas suas chances de mudar. O ânimo zoográfico da alegoria, concebida por um petista da primeira hora na própria oportunidade em que o Partido dos Trabalhadores chega à Presidência da República, não passará despercebido e fará refletir. O paralelo com Oswald, enfim, interessa também porque leva a recapitular a lista comprida de nossas frustrações históricas, que vêm do século XIX, sempre ligadas ao desnível tenaz que nos separa dos países-modelo e à ideia de o transpor por meio de uma virada social iluminada.

A transformação do Brasil em ornitorrinco se completou, segundo Francisco de Oliveira, com o salto das forças produtivas a que assistimos em nossos dias. *Este foi dado pelos outros e não é fácil de repetir.* A Terceira Revolução Industrial combina a mundialização capitalista a conhecimentos científicos e técnicos, *os quais estão sequestrados em patentes*, além de submetidos a um regime de obsolescência acelerada, que torna inútil a sua aquisição ou cópia avulsa. Do ponto de vista nacional, o desejável seria incorporar o processo no seu todo, o que entretanto supõe gastos em educação e infraestrutura que parecem fora do alcance de um país pobre e incapaz de investir. Nessas circunstâncias de neoatraso, os traços herdados do subdesenvolvimento passam por uma desqualificação suplementar, que compõe a figura do ornitorrinco.

---

* Jean-Paul Sartre, *Crítica da razão dialética*, tradução de Guilherme João de Freitas Teixeira, São Paulo, DP&A, 2002. (N.E.)

No campo dos trabalhadores, a nova correlação de forças leva ao desmanche dos direitos conquistados ao longo da quadra anterior. A extração da mais-valia encontra menos resistência e o capital perde o efeito civilizador que pudesse ter. A tendência vai para a informalização do trabalho, para a substituição do emprego pela ocupação, ou, ainda, para a desconstrução da relação salarial. A liga do trabalho rebaixado com a dependência externa, consolidada na semiexclusão científico- técnica do país, aponta para a sociedade derrotada. As reflexões do Autor a esse respeito e a respeito das novas feições do trabalho abstrato darão pano para discussão.

Também do lado da propriedade e do mando há reconfiguração, que reflui sobre o passado. Contra as explicações automáticas pelo interesse material imediato ou pela tradição, o acento cai no aspecto consciente das escolhas, dotadas de certa liberdade, o que aliás só lhes agrava o teor. Para o período do subdesenvolvimento, Francisco de Oliveira insiste na *opção* das classes dominantes por formas de divisão do trabalho que preservassem a dominação social corrente, ainda que ao preço de uma posição internacional medíocre. Retoma o argumento de Fernando Henrique Cardoso, que pouco antes do golpe de 1964 dizia, contrariando a voz comum na esquerda, que a burguesia industrial havia preferido a "condição de sócio-menor do capitalismo ocidental" ao risco de ver contestada a sua hegemonia mais à frente. Diante dessa desistência *histórica*, o candidato a levar avante o desenvolvimento econômico do país passaria a ser a massa urbana organizada. "No limite a pergunta será então, subcapitalismo ou socialismo?"[1] A quarenta anos de distância, Francisco de Oliveira vai catar naquela mesma desistência um inesperado grão de otimismo, mas de otimismo para o passado, que por contraste escurece o presente: se houve escolha e decisão, a "porta da transformação" estivera aberta[2]. Mesmo não aproveitadas, ou deliberadamente recusadas, as brechas do período circunscrito pela Segunda Revolução Industrial –

---

[1] Fernando Henrique Cardoso, *Empresário industrial e desenvolvimento econômico*, São Paulo, Difusão Europeia do Livro, 1964, p. 186-7.

[2] Francisco de Oliveira, "O ornitorrinco", p. 132 deste livro.

quando ciência e tecnologia ainda não estavam monopolizadas – existiam. Conforme notou Paulo Arantes num debate sobre "O ornitorrinco", o raciocínio alimenta alguma saudade do subdesenvolvimento e de suas lutas, justificada em retrospecto pelo cerco atual.

A tese mais polêmica e contraintuitiva do ensaio refere-se à formação de uma nova classe social no país. Como a análise de classe está fora de moda, não custa reconhecer o interesse fulminante que lhe é próprio, desde que não se reduza à recitação de um catecismo. A partir das "recentes convergências pragmáticas entre o PT e o PSDB" e do "aparente paradoxo de que o governo de Lula realiza o programa de FHC, radicalizando-o", o Autor observa que "não se trata de equívoco, nem de tomada de empréstimo de programa, mas de uma verdadeira nova classe social, que se estrutura sobre, de um lado, técnicos e economistas *doublés* de banqueiros, núcleo duro do PSDB, e trabalhadores transformados em operadores de fundos de previdência, núcleo duro do PT. A identidade dos dois casos reside no controle do acesso aos fundos públicos, no conhecimento do 'mapa da mina'"[3].

O leitor julgará por conta própria a força explicativa da hipótese, as observações sociais e históricas em que se apoia, as suas consequências para uma teoria atualizada das classes, a sua originalidade e coragem intelectual, e sobretudo as implicações que ela tem para a política. De nossa parte, assinalamos apenas a sua ironia objetiva.

Para decepção dos socialistas, o centro-esquerda formado na luta contra a ditadura não resistiu aos anos da redemocratização. A divisão cristalizou-se no antagonismo partidário-eleitoral entre esquerda e centro-direita, acompanhado das correspondentes adjetivações recíprocas. Agora, passados dez anos de governo do centro-direita, a vitória de Lula nas eleições pareceria um ponto alto desse enfrentamento. Não obstante, à luz das primeiras medidas do novo governo, Francisco de Oliveira estima que o núcleo dos partidos adversários na verdade compõe duas faces de uma nova e mesma classe. Suscitada pelas condições recentes, esta faz coincidirem os ex-aliados, que no momento da Abertura política, diante

---

[3] Ibidem, p. 147.

da tarefa de corrigir os estragos da ditadura e do milagre econômico, se haviam desunido. O reencontro, dentro da maior contrariedade e antipatia mútuas, não se deve às boas tarefas antigas, mas a uma pauta nova, ditada pelas necessidades presentes e sempre antissociais do capital, cujo domínio se aprofunda. Ainda nessa direção, o Autor observa que os principais fundos de inversão do país são propriedade de trabalhadores, o que faria um desavisado imaginar que está diante de uma sociedade socialista. Acontece que o ornitorrinco não dispõe de autocompreensão ético-política e que a economia dos trabalhadores é empregada como se não fosse nada além de capital, o que não deixa de ser, por sua vez, uma opção. O paralelo se completa com a conversão tecnocrática da intelectualidade peessedebista, vinda – vale a pena lembrar – das lutas sociais contra o regime militar e da anterior militância de esquerda.

Num sentido que mereceria precisões, o ornitorrinco deixou de ser subdesenvolvido, pois as brechas propiciadas pela Segunda Revolução Industrial, que faziam supor possíveis os indispensáveis avanços recuperadores, se fecharam. Nem por isso ele é capaz de passar para o novo regime de acumulação, para o qual lhe faltam os meios. Restam- lhe as transferências de patrimônio, em especial as privatizações, que não são propriamente acumulação e não diminuem as desigualdades sociais. Trata-se de um quadro de "acumulação truncada" – cuja mecânica econômica eu não saberia avaliar – em que o país se define pelo que não é; ou seja, pela condição subdesenvolvida, que já não se aplica, e pelo modelo de acumulação, que não alcança[4].

Este não ser naturalmente existe, embora a sua composição interna e sua dinâmica ainda não estejam identificadas, razão pela qual ele é comparado a um bicho enigmático e disforme. Seja como for, não há uma estrada conhecida, e muito menos pavimentada, que leve da posição atrasada à adiantada, ou melhor, da perdedora à vencedora. Se é que o caminho existe, ele não obedece às generalidades ligadas a uma noção universalista do progresso, à qual bastasse obedecer. Pelo contrário, é no curso normal deste, em sua figura presente, reduzida à precedência

---

4 Ibidem, p. 150.

dos preceitos do mercado, que se encontra o motor do desequilíbrio. A consideração dialética do progresso, vista objetivamente pelos vários aspectos que vai pondo à mostra, sem ilusão providencial ou convicção doutrinária a seu respeito, sem ocultação de suas consequências regressivas, é uma das qualidades deste ensaio. Para fazer a diferença, lembremos que em nossa esquerda e ex-esquerda o caráter progressista do progresso é artigo de fé, meio inocente e meio ideológico.

De outro ângulo, note-se como é vertiginoso e inusitado o andamento das categorias: estão em formação, já perderam a atualidade, não vieram a ser, trocam de sentido, são alheias etc. Uma classe-chave perde a relevância, entra em cena outra nova, de composição "chocante"; o desenvolvimento das forças produtivas desgraça uma parte da humanidade, em lugar de salvá-la; o subdesenvolvimento deixa de existir, não assim as suas calamidades; o trabalho informal, que havia sido um recurso heterodoxo e provisório da acumulação, transforma-se em índice de desagregação social, e assim por diante.

No estilo da dialética esclarecida, o limiar das mudanças é exato, não é determinado por uma construção doutrinária, mas é sim fixado no bojo de uma totalização provisória e heurística, a qual se pretende ligada ao curso efetivo das coisas. Trata-se de um raro exemplo de marxismo amigo da pesquisa empírica. O privilégio definitório do presente é forte ("O crítico precisa ter a atualidade bem agarrada pelos chifres", Walter Benjamin), mas não é guiado pelo desejo de aderir à correlação de forças dominante, ou de estar na crista da onda, nem muito menos pela vergonha de chorar o leite derramado ou pelo medo de dar murro em ponta de faca (pelo contrário, o sociólogo no caso tem perfil quixotesco). O atualismo reflete uma exigência teórica, bem como a aspiração à efetividade do pensamento, como parte de sua dignidade moderna. À sua luz, desconhecer a tendência nova ou a data vencida de convicções que estão na praça seria uma ignorância. Nem por isso o presente e o futuro são palatáveis, ou *melhores* que as formas ou aspirações que perderam o fundamento. As denúncias que as posições lançam umas contra as outras devem ser acompanhadas sem preconceito, como elementos de saber. Esse atualismo sem otimismo ou ilusões é uma posição complexa, profundamente real, base de uma consciência que não se mutila, ao mesmo tempo que é rigorosa.

Em certo plano, a definição pelo que não é reflete um momento de desagregação. Em lugar dos impasses do subdesenvolvimento, com a sua amarração conhecida e socialmente discutida, organizada em âmbito nacional, vêm à frente os subsistemas mais ou menos avulsos do conjunto anterior, que por enquanto impressionam mais pelo que já não virão a ser do que pela ordem alheia e pouco acessível que passaram a representar. Por outro lado, a situação convida a uma espécie de atualismo curto, avesso à preocupação nacional e à memória da experiência feita, as quais afinal de contas acabam de sofrer uma desautorização histórica. Pois bem, o esforço de Francisco de Oliveira, energicamente voltado para a identificação da nova ordem de coisas, não acata esse encurtamento, que seria razoável chamar positivista, a despeito da roupagem pós-moderna. A resistência confere ao "Ornitorrinco" a densidade problemática alta, em contraste com o rosa *kitsch* e o "é isso aí" do progressismo impávido. Trata-se de aprofundar a consciência da atualidade através da consideração encompridada de seus termos, que reconheça a base que eles têm noutra parte, no passado, noutro setor do campo social, no estrangeiro etc. Assim, não é indiferente que o capital se financie com dinheiro dos trabalhadores, que os operadores do financiamento sejam sindicalistas, que os banqueiros sejam intelectuais, que a causa cristalizadora da nova fragmentação seja um progresso feito alhures. São determinações reais, cuja supressão produz a inconsciência social, algo daquela indiferenciação em que Marx via o serviço prestado ao *establishment* pela economia vulgar. Ao insistir nelas e na irracionalidade social que elas tornam tangível, Francisco de Oliveira procura trazer a consciência à altura necessária para criticar a ordem. Ou procura dar à consciência razões claras de revolta, remorso, vergonha, insatisfação etc., que a inquietem.

Numa boa observação, que reflete o adensamento da malha mundial e contradiz as nossas ilusões de normalidade, o Autor aponta a marca da "exceção permanente" no dia a dia brasileiro[5]. Com perdão dos compa-

[5] Ibidem, p. 131.

triotas que nos supõem no Primeiro Mundo, como não ver que o mutirão da casa própria não vai com a ordem da cidade moderna (embora na prática local vá muito bem), que o trabalho informal não vai com o regime da mercadoria, que o patrimonialismo não vai com a concorrência entre os capitais, e assim por diante? Há um inegável passo à frente no reconhecimento e na sistematização do contraste entre o nosso cotidiano e a norma supranacional, pela qual também nos pautamos. O avanço nos torna – quem diria – contemporâneos de Machado de Assis, que já havia notado no contrabandista de escravos a exceção do *gentleman* vitoriano, no agregado verboso a exceção do cidadão compenetrado, nas manobras da vizinha pobre a exceção da paixão romântica, nos conselhos de um parasita de fraque a exceção do homem esclarecido. A dinâmica é menos incompatível com a estática do que parece. Dito isso, há maneiras e maneiras de enfrentar o desajuste, que a seu modo resume a inserção do país (ou do ex-país, ou semipaís, ou região) na ordem contemporânea.

Concebido em espírito de revisão conclusiva, "O ornitorrinco" não nega as perspectivas da "Crítica à razão dualista", mas aponta razões para a sua derrota. A reunião dos dois ensaios num volume representa, além de um novo diagnóstico de época, o estado atual das esperanças do Autor: uma prestação de contas teórica e uma auto-historicização, em linha com o propósito de trabalhar por formas de consciência expandida. Indicada a diferença, é preciso convir que a "Crítica", escrita com grande fibra combativa no auge da ditadura militar, em pleno milagre econômico e massacre da oposição armada, já lutava em posto semiperdido. A sua descrição da barbárie do processo brasileiro só não quadrava com a imagem de um monstro porque vinha animada pela perspectiva de autossuperação.

A tese célebre da "Crítica à razão dualista" dizia algo inusitado sobre o padrão primitivo da agricultura brasileira da época, bem como sobre a peculiar persistência de formas de economia de subsistência no âmbito da cidade grande, ou sobre o desmoralizante inchaço do terciário etc. Para o Autor, contrariando o senso comum, estes não eram vestígios do passado, mas partes funcionais do desenvolvimento moderno do país, uma vez que contribuíam para o baixo custo da mão de obra em que se apoiava a nossa acumulação. O lance era dialético e de mestre, com repercussão em duas frentes. Por um lado, a responsabilidade pelo teor precário da vida popular era atribuída à dinâmica nova do capitalismo, ou seja, ao funcionamento contemporâneo da sociedade, e não à herança arcaica que arrastamos mas que não nos diz respeito. Por outro, essa mesma precariedade era essencial à acumulação econômica, e nada mais errado que combatê-la como uma praga estranha ao organismo. Muito pelo contrário, era preciso *reconhecê-la* como parte de um processo acelerado de desenvolvimento, no curso do qual a pobreza quase desvalida se elevaria ao salário decente e à cidadania, e o país conquistaria nova situação internacional. *A pobreza e a sua superação eram a nossa chance histórica!* Sem entrar no mérito fatual da hipótese, a vontade política que ela expressa, segundo a qual os pobres não podem ser abandonados à sua sorte, sob pena de inviabilizar o progresso, salta aos olhos. Em lugar do antagonismo assassino entre Civilização e Barbárie, que vê os pobres como lixo, entrava a ideia generosa de que o futuro dependia de uma milagrosa integração nacional, em que a consciência social-histórica levasse de vencida o imediatismo. Uma ideia que em seu momento deu qualidade transcendente aos escritos de Celso Furtado, às visões da miséria do Cinema Novo, bem como à Teoria da Dependência.

Com originalidade conceitual e afinidades populares trazidas talvez do Nordeste, no polo oposto ao progressismo da ditadura, Francisco de Oliveira imaginava um esquema moderno de viabilização nacional, que convocava o país à consciência inclusiva – por oposição a excludente –, como momento de autotransformação. Do ponto de vista econômico tratava-se de criticar o dualismo da Cepal (Comissão Econômica para a América Latina), que separava a modernização e os setores tradicionais da sociedade, embora considerando que os benefícios da primeira, caso houvesse *ética*, poderiam proporcionar assistência humanitária, remédio e ensino à leseira dos segundos. De passagem, pois o adversário não merecia respeito, tratava-se também de refutar os economistas do regime, segundo os quais era preciso fazer crescer o bolo do setor adiantado, para só depois reparti-lo na área do atraso, tese cínica em que ninguém acreditava.

No plano teórico, a "Crítica" aderia à apropriação não dogmática do marxismo que estivera em curso na Universidade de São Paulo desde antes de 1964 e que vinha adquirindo relevância política no Cebrap, onde se refugiou durante os anos de chumbo. Política, economia e classes sociais deviam ser analisadas articuladamente, ao contrário do que pensavam os especialistas em cada uma dessas disciplinas. Nas águas da Teoria da Dependência, Francisco de Oliveira definia o subdesenvolvimento como uma posição desvantajosa (de ex-colônia) na divisão internacional do trabalho, cimentada por uma articulação interna de interesses e de classes, que ela cimentava por sua vez. Daí a importância atribuída ao entrevero de ideias e ideologias, pois os seus resultados ajudam a desestabilizar, além do iníquo equilíbrio interno, a posição do país no sistema internacional, permitindo lutar por outra melhor. Vem daí também a naturalidade pouco usual entre nós com que o Autor critica os seus melhores aliados, de Celso Furtado a Maria da Conceição Tavares, José Serra e Fernando Henrique Cardoso, num belo exemplo de discussão comandada por objetivos que vão além da pessoa. Um pouco inesperadamente, o valor da luta de classes é dessa mesma ordem. Francisco de Oliveira não é bolchevique, e a sua ideia de enfrentamento entre as classes é menos ligada ao assalto operário ao poder que ao autoesclarecimento da sociedade nacional, a qual através dele supera os preconceitos e toma conhecimento de sua anatomia e possibilidades reais, *podendo então dispor de si*.

Nada mais distante do Autor que os sonhos de Brasil-potência e que o desejo de passar a perna nos países vizinhos. Contudo é possível que, em versão sublimada, o seu recorte permaneça tributário do aspecto competitivo dos esforços desenvolvimentistas. Por outro lado, como não seria assim? Num sistema mundial de reprodução das desigualdades, como não disputar uma posição melhor, mais próxima dos vencedores e menos truncada? Como escapar à posição prejudicada sem tomar assento entre os que prejudicam? A reflexão sobre a impossibilidade de uma competição sem perdedores, ou, por outra, sobre a impossibilidade de um nivelamento por cima – mas que por cima é esse? – impele a questionar a ordem que engendra o problema. Aqui, depois de haver ativado a disposição política em âmbito nacional, a reflexão dialética passa a paralisá-la na sua forma corrente, ou melhor, passa a solicitar um tipo de política diversa, meio por inventar, para a qual a questão nacional é relativa. A seu modo, a superconsciência visada nos esforços do Autor, para a qual, audazmente, a iniquidade é uma tarefa e uma chance, tem a ver com isso. Assim também as suas reflexões sobre a desmercantilização, desenvolvidas no ensaio sobre o "antivalor"[6]. Um dos eixos do "Ornitorrinco" é a oposição entre Darwin e Marx, entre a seleção natural, pelo jogo imediatista dos interesses, e a solução consciente dos problemas nacionais e da humanidade. Ora, na esteira do próprio Marx, os argumentos de Francisco de Oliveira estão sempre mostrando que nada ocorre sem a intervenção da consciência; porém... Presente em tudo, mas enfeitiçada pelo interesse econômico, esta funciona *naturalmente* e sustenta o descalabro a que ela poderia se contrapor, caso crescesse e mutasse.

Agosto de 2003

Adendo. Transcrevo em seguida um artigo-homenagem de 1992, escrito por ocasião do concurso de Francisco de Oliveira para professor titular da USP[7]. Sem prejuízo das ironias que o tempo acrescentou, espero que combine com o que foi dito até aqui.

Valor intelectual

Além de muito bons, os ensaios de Chico de Oliveira sobre a atualidade política são sempre inesperados. Isso porque refletem posições adiantadas, de que no fundo não temos o hábito, embora as aprovemos da boca para fora. A começar pelo seu caráter contundente, e nem por

---

6 Francisco de Oliveira, *Os direitos do antivalor*, Petrópolis, Vozes, 1998.

7 Roberto Schwarz, "Valor intelectual", *Caderno Mais!, Folha de S.Paulo,* 25 de outubro de 1992.

isso sectário, o que a muitos soa como um despropósito. Faz parte da fórmula dos artigos de Chico a exposição de todos os pontos de vista em conflito, sem desconhecer nenhum. Mas então, se não é sectário, para que a contundência? A busca da fórmula ardida não dificulta a negociação que depois terá de vir? Já aos que apreciam a caracterização virulenta o resumo objetivo dos interesses contrários parece supérfluo e cheira a tibieza e compromisso. Mas o paradoxo expositivo no caso não denota motivos confusos. Na verdade ele expressa adequadamente as convicções de Chico a respeito da forma atual da luta de classes, a qual sem prejuízo da intensidade não comporta a aniquilação de um dos campos.

Em várias ocasiões Chico acertou na análise quase sozinho, sustentando posições e argumentos contrários à voz corrente na esquerda. O valor dessa espécie de independência intelectual merece ser sublinhado, ainda mais num meio gregário como o nosso. Aliás, o desgosto pela tradição brasileira de autoritarismo e baixaria está entre os fatores da clarividência de Chico. Assim, como não abria mão de levar em conta o que estava à vista de todos, o seu prognóstico sobre o governo Collor foi certeiro, antes ainda da formação do primeiro ministério[8]. Também a sua crítica ao Plano Cruzado, publicada em plena temporada dos aplausos, foi confirmada pouco depois[9]. Nos dois casos Chico insistia numa tese que lhe é cara, segundo a qual a burguesia brasileira se aferra à iniciativa unilateral e prefere a desordem ao constrangimento da negociação social organizada. Ainda nesse sentido, quando tudo leva a culpar o atraso de Alagoas pelos descalabros de Collor, Chico explica o "mandato destrutivo" que este recebeu da classe dominante "moderna", aterrorizada com a hipótese de um metalúrgico na Presidência.

O marxismo aguça o senso de realidade de alguns, e embota o de outros. Chico evidentemente pertence com muito brilho ao primeiro grupo. Nunca a terminologia do período histórico anterior, nem da luta de classes, do capital ou do socialismo lhe serve para reduzir a certezas

[8] Cf. *Novos Estudos Cebrap,* São Paulo, n. 26.

[9] *Folha de S.Paulo,* 16 de março de 1986.

velhas as observações novas. Pelo contrário, a tônica de seu esforço está em conceber as redefinições impostas pelo processo em curso, que é preciso adivinhar e descrever. Assim, os meninos vendendo alho e flanela nos cruzamentos com semáforo não são a prova do atraso do país, mas de sua forma atroz de modernização. Algo análogo vale para as escleroses regionais, cuja explicação não está no imobilismo dos tradicionalistas, mas na incapacidade paulista para forjar uma hegemonia modernizadora aceitável em âmbito nacional. Chico é um mestre da dialética.

CRÍTICA À RAZÃO DUALISTA

Este ensaio foi escrito como uma tentativa de resposta às indagações de caráter interdisciplinar que se formulam no Cebrap acerca do processo de expansão socioeconômica do capitalismo no Brasil. Beneficia-se, dessa maneira, do peculiar clima de discussão intelectual que é apanágio do Cebrap, a cujo corpo de pesquisadores pertence o autor. O autor agradece as críticas e as sugestões dos seus colegas, particularmente a José Arthur Giannotti, Fernando Henrique Cardoso, Octavio Ianni, Paul Singer, Francisco Weffort, Juarez Brandão Lopes, Boris Fausto, Fábio Munhoz e Regis Andrade, assim como a Caio Prado Jr. e Gabriel Bolaffi, que participaram de seminários sobre o texto. Evidentemente, a nenhum deles pode ser imputada qualquer falha ou erro deste documento.

I

UMA BREVE COLOCAÇÃO DO PROBLEMA

A perspectiva deste trabalho é a de contribuir para a revisão do modo de pensar a economia brasileira, na etapa em que a industrialização passa a ser o setor-chave para a dinâmica do sistema, isto é, para efeitos práticos, após a Revolução de 1930. O exame que se tentará vai centrar sua atenção nas transformações estruturais, entendidas estas no sentido rigoroso da reposição e recriação das condições de expansão do sistema enquanto modo capitalista de produção. Não se trata, portanto, nem de avaliar a *performance* do sistema numa perspectiva ético-finalista de satisfação das necessidades da população, nem de discutir magnitudes de taxas de crescimento: a perspectiva ético-finalista muito associada ao dualismo cepalino parece desconhecer que a primeira finalidade do sistema é a própria produção, enquanto a segunda, muito do gosto dos economistas conservadores do Brasil, enreda-se numa dialética vulgar como se a sorte das "partes" pudesse ser reduzida ao comportamento do "todo", a versão comum da "teoria do crescimento do bolo".

Deve ser acrescentado que a perspectiva deste trabalho incorpora, como variáveis endógenas, o nível político ou as condições políticas do sistema: conforme o andamento da análise, tratará de demonstrar que as "passagens" de um modelo a outro, de um ciclo a outro, não são inteligíveis economicamente "em si", em qualquer sistema que revista características de dominação social. O "economicismo" das análises que isolam as condições econômicas das políticas é um vício metodológico que anda de par com a recusa em reconhecer-se como ideologia.

Este trabalho se inscreve ao lado de outros surgidos recentemente, que buscam renovar a discussão sobre a economia brasileira; nesse sentido, o trabalho de Maria da Conceição Tavares e José Serra, "Más allá del estancamiento: una discusión sobre el estilo del desarollo reciente del Brasil"*, retoma um estilo e um método de interpretação que estiveram ausentes da literatura econômica latino-americana durante muito tempo, sepultados sob a avalanche cepalina, e inscreve-se como um marco e um roteiro para as novas indagações. Convém assinalar que, por todos os lados, o pensamento socioeconômico latino-americano dá mostras de insatisfação e de ruptura com o estilo cepalino de análise, procurando recapturar o entendimento da problemática latino-americana mediante a utilização de um arsenal teórico e metodológico que esteve encoberto por uma espécie de "respeito humano" que deu largas à utilização do arsenal marginalista[1] e keynesiano, estes conferindo honorabilidade e reconhecimento científico junto ao *establishment* técnico e acadêmico. Assim, boa parte da intelectualidade latino-americana, nas últimas décadas, dilacerou-se nas

---

* *Trimestre Económico*, n. 152, nov.-dez. de 1971, México. [Ed. bras.: "Além da estagnação: uma discussão sobre o estilo de desenvolvimento recente no Brasil", in José Serras, *América Latina* – ensaios de interpretação econômica, São Paulo, Paz e Terra, 1976] (N.E.)

1 Ver, por exemplo, o trabalho de Rolando Cordera e Adolfo Orive sobre a industrialização mexicana, publicado pelo *Tase – Boletin del Taller de Analisis Socioeconômico*, vol. 1, n. 4, México. Não é meramente casual a coincidência de reinterpretações, na mesma linha teórica, de economias como a mexicana e a brasileira, marcadas por configurações socioeconômicas bastante similares no que se refere a indicadores de estrutura, às quais chegaram por processos políticos bastante dissemelhantes. A coincidência não casual reside no fato de que ambas as sociedades chegaram a situações estruturais semelhantes *lato sensu* mediante processos cujo denominador comum foi a ampla exploração de sua força de trabalho, fenômeno que está na base da constituição de um seleto mercado para as indústrias dinâmicas *ao mesmo tempo* que da distribuição desigualitariamente crescente da renda.

pontas do dilema: enquanto denunciavam as miseráveis condições de vida de grande parte da população latino-americana, seus esquemas teóricos e analíticos prendiam-nos às discussões em torno da relação produto-capital, propensão para poupar ou investir, eficiência marginal do capital, economias de escala, tamanho do mercado, levando-os, sem se darem conta, a construir o estranho mundo da dualidade e a desembocar, a contragosto, na ideologia do círculo vicioso da pobreza[2].

A dualidade reconciliava o suposto rigor científico das análises com a consciência moral, levando a proposições reformistas. A bem da verdade, deve-se reconhecer que o fenômeno assinalado foi muito mais frequente e mais intenso entre economistas que entre outros cientistas sociais: sociólogos, cientistas políticos e também filósofos conseguiram escapar, ainda que parcialmente, à tentação dualista, mantendo, como eixos centrais da interpretação, categorias como "sistema econômico", "modo de produção", "classes sociais", "exploração", "dominação". Mas, ainda assim, o prestígio dos economistas penetrou largamente as outras ciências sociais, que se tornaram quase caudatárias: "sociedade moderna"-"sociedade tradicional", por exemplo, é um binômio que, deitando raízes no modelo dualista, conduziu boa parte dos esforços na sociologia e na ciência política a uma espécie de "beco sem saída" rostowiano.

O esforço reinterpretativo que se tenta neste trabalho suporta-se teórica e metodologicamente em terreno completamente oposto ao do dual-estruturalismo: não se trata, em absoluto, de negar o imenso aporte de conhecimentos bebido diretamente ou inspirado no "modelo Cepal", mas exatamente de reconhecer nele o único interlocutor válido, que ao

---

2 Um caso típico é o da denúncia de Prebisch sobre os mecanismos do comércio internacional que levam à deterioração dos termos de intercâmbio em desfavor dos países latino-americanos. Aí estaria a base para uma reelaboração da teoria do imperialismo; abortada sua profundização em direção a essa reelaboração, a proposição que sai é nitidamente reformista e nega-se a si mesma: Prebisch espera que os países industrializados "reformem" seu comportamento, elevando seus pagamentos pelos produtos agropecuários que compram da América Latina e rebaixando o preço dos bens que vendem, que é em essência o espírito das conferências Unctad. A proposição é altamente ética e igualmente ingênua.

longo dos últimos decênios contribuiu para o debate e a criação intelectual sobre a economia e a sociedade brasileira e a latino-americana. Mesmo porque a oposição ao "modelo Cepal", durante o período assinalado, não se fez nem se deu em nome de uma postura teórica mais adequada: os conhecidos opositores da Cepal no Brasil e na América Latina tinham, quase sempre, a mesma filiação teórica marginalista, neoclássica e keynesiana, desvestidos apenas da paixão reformista e comprometidos com o *status quo* econômico, político e social da miséria e do atraso seculares latino-americanos. Como pobres papagaios, limitaram-se durante décadas a repetir os esquemas aprendidos nas universidades anglo-saxônicas sem nenhuma perspectiva crítica, sendo rigorosamente nulos seus aportes à teoria da sociedade latino-americana[3]. Assim, ao tentar-se uma "crítica à razão dualista", reconhece-se a impossibilidade de uma crítica semelhante aos "sem-razão".

O anterior não deve ser lido como uma tentativa de contemporização: a ruptura com o que se poderia chamar o conceito do "modo de produção subdesenvolvido" ou é completa ou apenas se lhe acrescentarão detalhes. No plano teórico, o conceito do subdesenvolvimento como uma formação histórico-econômica singular, constituída polarmente em torno da oposição formal de um setor "atrasado" e um setor "moderno", não se sustenta como singularidade: esse tipo de dualidade é encontrável não apenas em quase todos os sistemas, como em quase todos os períodos. Por outro lado, a oposição na maioria dos casos é tão somente formal: de fato, o processo real mostra uma simbiose e uma organicidade, uma unidade de contrários, em que o chamado "moderno" cresce e se alimenta da existência do "atrasado", se se quer manter a terminologia.

O "subdesenvolvimento" pareceria a forma própria de ser das economias pré-industriais penetradas pelo capitalismo, em "trânsito", portanto, para as formas mais avançadas e sedimentadas deste; todavia, uma tal postulação esquece que o "subdesenvolvimento" é precisamente

---

3 Nenhum dos economistas conservadores anti-Cepal, na América Latina e no Brasil, conseguiu produzir obra teórica; seus escritos são apenas ocasionais, ora de um, ora de "outro lado da cerca".

uma "produção" da expansão do capitalismo. Em raríssimos casos – dos quais os mais conspícuos são México e Peru –, trata-se da penetração de modos de produção anteriores, de caráter "asiático", pelo capitalismo; na grande maioria dos casos, as economias pré-industriais da América Latina foram criadas pela expansão do capitalismo mundial, como uma reserva de acumulação primitiva do sistema global; em resumo, o "subdesenvolvimento" é uma formação capitalista e não simplesmente histórica. Ao enfatizar o aspecto da dependência – a conhecida relação centro-periferia –, os teóricos do "modo de produção subdesenvolvido" quase deixaram de tratar os aspectos internos das estruturas de dominação que conformam as estruturas de acumulação próprias de países como o Brasil: toda a questão do desenvolvimento foi vista pelo ângulo das relações externas, e o problema transformou-se assim em uma oposição entre nações, passando despercebido o fato de que, antes de oposição entre nações, o desenvolvimento ou o crescimento é um problema que diz respeito à oposição entre classes sociais internas. O conjunto da teorização sobre o "modo de produção subdesenvolvido" continua a não responder quem tem a predominância: se são as leis internas de articulação que geram o "todo" ou se são as leis de ligação com o resto do sistema que comandam a estrutura de relações[4]. Penetrado de

[4] Fernando Henrique Cardoso e Enzo Faletto elaboram uma teoria da dependência cuja postulação essencial reside no reconhecimento de que a própria *ambiguidade* confere especificidade ao subdesenvolvimento, sendo a "dependência" a forma em que os interesses internos se articulam com o resto do sistema capitalista. Afastaram- se, assim, do esquema cepalino, que vê nas relações externas apenas *oposição a supostos interesses nacionais globais*, para reconhecerem que, antes de uma *oposição global*, a "dependência" articula os interesses de *determinadas* classes e grupos sociais da América Latina com os interesses de determinadas classes e grupos sociais *fora* da América Latina. A hegemonia aparece como o resultado da linha comum de interesses *determinada* pela divisão internacional do trabalho, na escala do mundo capitalista. Essa formulação é, a meu ver, muito mais correta que a da tradição cepalina, embora ainda não dê o devido peso à possibilidade teórica e empírica de que se expanda o capitalismo em países como o Brasil *ainda quando* seja desfavorável a divisão internacional do trabalho do sistema capitalista como um todo. A meu ver, a expansão do capitalismo no Brasil, depois de 1930, ilustra precisamente esse caso. Ver, dos autores citados, *Dependência e desenvolvimento na América Latina*, Rio de Janeiro, Zahar, 1970.

ambiguidade, o "subdesenvolvimento" pareceria ser um sistema que se move entre sua capacidade de produzir um excedente que é apropriado parcialmente pelo exterior e sua incapacidade de absorver internamente de modo produtivo a outra parte do excedente que gera.

No plano da prática, a ruptura com a teoria do subdesenvolvimento também não pode deixar de ser radical. Curiosa mas não paradoxalmente, foi sua proeminência nos últimos decênios que contribuiu para a não formação de uma teoria sobre o capitalismo no Brasil, cumprindo uma importante função ideológica para marginalizar perguntas do tipo "a quem serve o desenvolvimento econômico capitalista no Brasil?". Com seus estereótipos de "desenvolvimento autossustentado", "internalização do centro de decisões", "integração nacional", "planejamento", "interesse nacional", a teoria do subdesenvolvimento sentou as bases do "desenvolvimentismo" que desviou a atenção teórica e a ação política do problema da luta de classes, justamente no período em que, com a transformação da economia de base agrária para industrial-urbana, as condições objetivas daquela se agravavam. A teoria do subdesenvolvimento foi, assim, a ideologia própria do chamado período populista; se ela hoje não cumpre esse papel, é porque a hegemonia de uma classe se afirmou de tal modo que a face já não precisa de máscara.

II

O DESENVOLVIMENTO CAPITALISTA PÓS-ANOS 1930 E O PROCESSO DE ACUMULAÇÃO

A Revolução de 1930 marca o fim de um ciclo e o início de outro na economia brasileira: o fim da hegemonia agrário-exportadora e o início da predominância da estrutura produtiva de base urbano-industrial. Ainda que essa predominância não se concretize em termos da participação da indústria na renda interna senão em 1956, quando pela primeira vez a renda do setor industrial superará a da agricultura, o processo mediante o qual a posição hegemônica se concretizará é crucial: a nova correlação de forças sociais, a reformulação do aparelho e da ação estatal, a regulamentação dos fatores, entre os quais o trabalho ou o preço do trabalho, têm o significado, de um lado, de *destruição* das regras do jogo segundo as quais a economia se inclinava para as atividades agrário-exportadoras e, de outro, de *criação* das condições institucionais para a expansão das atividades ligadas ao mercado interno. Trata-se, em suma, de introduzir um novo modo de acumulação, qualitativa e quantitativamente distinto, que dependerá substantivamente de uma *realização parcial interna crescente*. A destruição das regras do jogo da economia agrário-exportadora significava penalizar o custo e a rentabilidade dos fatores que eram tradicionalmente alocados para a produção com destino externo, seja confiscando lucros parciais (o caso do café, por exemplo), seja aumentando o custo relativo do dinheiro emprestado à agricultura (bastando simplesmente que o custo do dinheiro emprestado à indústria fosse mais baixo).

Nesse contexto, alguns aspectos passam a desempenhar um papel de enorme significação. O primeiro deles faz parte da chamada regulamentação dos fatores, isto é, da oferta e demanda dos fatores no conjunto da economia. A esse respeito, a regulamentação das leis de relação entre o trabalho e o capital é um dos mais importantes, se não o mais importante. A chamada legislação trabalhista tem sido estudada apenas do ponto de vista de sua estrutura formal corporativista, da organização dos trabalhadores e da sua possível tutela pelo Estado, e tem sido arriscada a hipótese de que a fixação do salário mínimo, por exemplo, teria sido uma medida artificial, sem relação com as condições concretas da oferta e demanda de trabalho: os níveis do salário mínimo, para Ignácio Rangel, por exemplo, seriam *níveis institucionais*[1], acima daquilo que se obteria com a pura barganha entre trabalhadores e capitalistas no mercado. Uma argumentação de tal tipo endossa e alimenta as interpretações dos cientistas políticos sobre o caráter redistributivista dos regimes políticos populistas entre 1930 e 1964[2] e, em sua versão econômica, faz parte da base sobre a qual se pensa a inflação no Brasil e contribui para a manutenção, no

---

1 "... graças a isso (à legislação trabalhista) o padrão salarial tornou-se relativamente independente das condições criadas pela presença de um enorme exército industrial de reserva..." Ignácio Rangel, *A inflação brasileira*, Rio de Janeiro, Tempo Brasileiro, 1963, p. 44-5.

2 Não fugiu à percepção dos cientistas políticos que escreveram sobre o assunto o aspecto de "dominação" para os fins da expansão capitalista que a legislação trabalhista reveste, quando os amplos setores das massas urbanas passam a desempenhar um papel-chave na estruturação política que permitiu a industrialização. Sem embargo, freqüentemente essa percepção correta leva no bojo a premissa de que a "doação" getulista das leis do trabalho dava, em troca do apoio das massas populares, alguma participação crescente nos ganhos de produtividade do sistema, o que não encontra apoio nos fatos. O que se discute neste ponto é o caráter "redistributivista", do ponto de vista exatamente dos referidos ganhos; sob outros aspectos, principalmente políticos, pode-se falar em "redistributivismo" dos regimes populistas, mas em termos econômicos tal postulação é inteiramente insustentável.

modelo dual-estruturalista cepalino, do distanciamento cumulativo entre os setores "moderno" e "atrasado"[3].

As interpretações assinaladas minimizam o papel da legislação trabalhista no processo de acumulação que se instaura ou se acelera a partir de 1930. Em primeiro lugar, é estranha a abstração que se faz do papel do Estado na própria criação do mercado: a que mercado se referem, quando dizem que os níveis do salário mínimo foram ou são fixados acima do que se poderia esperar num "mercado livre"? Esse "mercado livre", abstrato, em que o Estado não interfere, tomado de empréstimo da ideologia do liberalismo econômico, certamente não é um *mercado capitalista*, pois precisamente o papel do Estado é "institucionalizar" as regras do jogo; em segundo lugar, é uma hipótese nunca provada que tais níveis estivessem acima do *custo de reprodução da força de trabalho*, que é o parâmetro de referência mais correto, para avaliar-se a "artificialidade" ou a "realidade" dos níveis do salário mínimo. Importa não esquecer que a legislação interpretou o salário mínimo rigorosamente como "salário de subsistência", isto é, de reprodução; os critérios de fixação do primeiro salário mínimo levavam em conta as necessidades alimentares (em termos de calorias, proteínas etc.) para um padrão de trabalhador que devia enfrentar um certo tipo de produção, com um certo tipo de uso de força mecânica, comprometimento psíquico etc. Está-se pensando rigorosamente, em termos de salário mínimo, como

---

[3] Segundo o ponto de vista cepalino, os níveis "artificiais" de fixação do salário mínimo induziram uma precoce elevação do capital fixo na composição orgânica do capital, estimulando inversões *capital-intensives* que têm por efeito – no referido modelo – diminuir o multiplicador de empregos das novas inversões, baixar a relação produto-capital, conduzindo ao estreitamento progressivo do mercado e, a longo prazo, à queda da taxa de lucro, e consequentemente da taxa de crescimento, reforçando o modelo de dualidade da economia. Empiricamente, não tem sido provada uma peculiar estrutura de inversões *capital-intensives* na estrutura global das inversões; teoricamente, uma das fontes do erro do modelo está na consideração estrita das inversões *apenas* no setor industrial da economia, além da não consideração do efeito das relações internacionais sobre a função de produção, que potencializa, através da absorção de tecnologia (trabalho acumulado ou trabalho morto do exterior), uma base de acumulação razoavelmente pobre.

a quantidade de força de trabalho que o trabalhador poderia vender. Não há nenhum outro parâmetro para o cálculo das necessidades do trabalhador; não existe na legislação, nem nos critérios, nenhuma incorporação dos ganhos de produtividade do trabalho.

Sem embargo, esses aspectos ainda não são os decisivos. O decisivo é que as leis trabalhistas fazem parte de um conjunto de medidas destinadas a instaurar um novo modo de acumulação. Para tanto, a população em geral, e especificamente a população que afluía às cidades, necessitava ser transformada em "exército de reserva". Essa conversão de enormes contingentes populacionais em "exército de reserva", adequado à reprodução do capital, era pertinente e necessária do ponto de vista do modo de acumulação que se iniciava ou que se buscava reforçar, por duas razões principais: de um lado, propiciava o horizonte médio para o cálculo econômico empresarial, liberto do pesadelo de um mercado de concorrência perfeita, no qual ele devesse competir pelo uso dos fatores; de outro lado, a legislação trabalhista *igualava reduzindo* – antes que incrementando – o preço da força de trabalho. Essa operação de *igualar pela base* reconvertia inclusive trabalhadores especializados à situação de não qualificados, e impedia – ao contrário do que pensam muitos – a formação precoce de um mercado dual de força de trabalho[4]. Em outras palavras, se o salário fosse determinado por qualquer espécie de "mercado livre", na acepção da teoria da concorrência perfeita, é provável que ele subisse para algumas categorias

4 Uma indagação pertinente sobre o tema da legislação trabalhista é a de por que ela se inspira nas formas jurídicas do direito corporativista italiano. Esse problema tem sido abordado apenas do ângulo do caráter do Estado brasileiro na época: autoritário mas ao mesmo tempo de transição entre a hegemonia de uma classe – a dos proprietários rurais – e a de outra – a da burguesia industrial. Um aspecto não estudado é o de sua adequação como uma ponte, uma junção entre as formas pré-capitalistas de certos setores da economia – particularmente a agricultura – e o setor emergente da indústria. Nesta hipótese, o direito corporativista é a forma adequada para promover a complementaridade entre os dois setores, desfazendo ao *unificar* a possível dualidade que poderia formar no encontro do "arcaico" com o "novo"; essa dualidade, no que respeita à formação dos salários urbanos, particularmente na indústria, poderia realmente pôr em risco a viabilidade da empresa nascente.

operárias especializadas; a regulamentação das leis do trabalho operou a reconversão a um *denominador comum de todas as categorias*, com o que, antes de prejudicar a acumulação, beneficiou-a.

Uma objeção que pode ser levantada contra a tese anterior é empírica: não existem provas de que a legislação trabalhista tenha tido tal efeito, *rebaixando salários*. Esse tipo de objeção é de uma fragilidade incrível: para os efeitos da acumulação, não era necessário que houvesse rebaixamento de salários anteriormente pagos, mas apenas *equalização dos salários dos contingentes obreiros incrementais*; isto é, da média dos salários. Como no caso da industrialização brasileira pós-anos 1930 os incrementos no contingente obreiro são muitas vezes maiores que o *stock* operário anterior, a legislação alcançava seu objetivo – não declarado, é verdade, mas isso corresponde a verbalização ideológica das classes dominantes – de propiciar a formação de um enorme "exército de reserva" propício à acumulação. Além disso, pode-se aduzir, em favor da tese, um argumento que é da lógica do sistema: se fosse verdade que os níveis do salário mínimo estivessem "por cima" de níveis de pura barganha num "mercado livre", o que aumentaria demasiadamente a parte de remuneração do trabalho na distribuição funcional da renda, o sistema entraria em crise por impossibilidade de acumular; o que se viu após a implantação da legislação trabalhista foi exatamente o contrário: é a partir daí que um tremendo impulso é transmitido à acumulação, caracterizando toda uma nova etapa de crescimento da economia brasileira. Uma segunda objeção retira seu argumento do fato de que *comparado ao rendimento auferido no campo* (sob qualquer forma, salário, renda da terra, produto das "roças" familiares etc.) o salário mínimo das cidades era sem dúvida superior, o que, dada a extração rural dos novos contingentes que afluíam às cidades, tornou-se um elemento favorável aos anseios de integração das novas populações operárias e trabalhadoras em geral, debilitando a formação de consciências de classe entre elas. Não se desconhece o efeito que esse fenômeno pode ter tido social e politicamente – embora exista certo exagero nas conclusões –, mas, do ponto de vista da acumulação, esse fenômeno não teve nem tem nenhuma importância, já que, se as atividades urbanas, particularmente a indústria, paga salários mais altos que os rendimentos auferidos no campo, o parâmetro que esclarece a relação favorável à acumulação é a *produtividade* das atividades urbanas; em outras palavras, a relação significativa é a que se estabelece entre salários urbanos e produtividade das atividades urbanas (no caso, indústria), isto é, a taxa de exploração que explica o incremento da acumulação é determinada em função dos salários e dos lucros ou ganhos de produtividade das atividades urbanas.

O segundo aspecto refere-se à intervenção do Estado na esfera econômica, operando na regulamentação dos demais fatores, além do trabalho: operando na fixação de preços, na distribuição de ganhos e perdas entre os diversos estratos ou grupos das classes capitalistas, no gasto fiscal com fins direta ou indiretamente reprodutivos, na esfera da produção com fins de subsídio a outras atividades produtivas. Aqui o seu papel é o de criar as bases para que a acumulação capitalista industrial, no nível das empresas, possa se reproduzir. Essa intervenção tem um caráter "planificador", ao modo do Estado inglês que editava tanto o *poor law* como o *cereal act*, isto é, no "trânsito", o Estado intervém para destruir o modo de acumulação para o qual a economia *se inclinava naturalmente*, criando e recriando as condições do novo modo de acumulação. Nesse sentido, substituíam-se os preços do "velho mercado" por "preços sociais", cuja função é permitir a consolidação do "novo mercado", isto é, até que o processo de acumulação se oriente, com certo grau de automaticidade, pelos novos parâmetros, que serão o novo leito do rio. Os "preços sociais" podem ter financiamento público ou podem ser simplesmente a imposição de uma distribuição de ganhos diferente entre os grupos sociais, e a direção em que eles atuam é no sentido de fazer da empresa capitalista industrial a unidade mais rentável do conjunto da economia. Assim, assiste-se à emergência e à ampliação das funções do Estado, num período que perdura até os anos Kubitschek. Regulando o preço do trabalho, já discutido anteriormente, investindo em infraestrutura, impondo o confisco cambial ao café para redistribuir os ganhos entre grupos das classes capitalistas, rebaixando o custo de capital na forma do subsídio cambial para as importações de equipamentos para as empresas industriais e na forma da expansão do crédito a taxas de juros negativas reais, investindo na produção (Volta

Redonda e Petrobras, para exemplificar), o Estado opera continuamente transferindo recursos e ganhos para a empresa industrial, fazendo dela o centro do sistema. A essa "destruição" e "criação" vão ser superpostas as versões de um "socialismo dos tolos" tanto da esquerda como da ultradireita, que viam na ação do Estado, "estatismo", sem se fazer nunca, uns e outros, a velha pergunta dos advogados: a quem serve tudo isso?

O processo guarda alguma analogia formal com a passagem de uma economia de base capitalista para uma economia socialista. No período de "transição", não apenas não funcionam os automatismos econômicos da base anterior como, mais que isso, *não devem funcionar*, sob pena de não se implementar a nova base. Por essa razão, os mecanismos de mercado devem ser substituídos por *controles administrativos* cuja missão é fazer funcionar a economia de forma *não automática*. Durante a transição, proliferam todos os tipos de controle, não somente na formação dos preços dos fatores como também no controle do gasto dos consumidores. A tese é perfeitamente ilustrada como o caso do café: deixada entregue às *leis automáticas do mercado*, a produção de café no Brasil, após a crise de 1929, entraria num regime anárquico, ora sendo estimulada, ora sendo violentamente contraída. Os estímulos e as contrações poderiam representar importantes desperdícios sociais. Foi preciso o controle governamental para fazê-la crescer ou diminuir *guardando certa distância* das flutuações do mercado, para o que teve-se de recorrer ao controle direto (IBC) e aos *preços sociais* em lugar dos preços de mercado (o confisco cambial era um preço social). Ainda quando as perdas do café fossem "socializadas", transferidas para o contribuinte, conforme Furtado, essa "socialização" consistia numa operação de não automaticidade: em quaisquer circunstâncias, boas ou más, isolava-se o produtor de café da oferta e procura de fatores, a fim de reorientar a alocação de recursos em outros setores da atividade econômica. É nesse sentido que se fala de destruição da *inclinação natural* para certo tipo de acumulação[5].

[5] O crescimento das funções do Estado implica necessariamente o crescimento da máquina estatal, portanto da burocracia e da tecnocracia. No período da "transição", o crescimento desses dois agentes do aparelho estatal é uma função mais estrita da

O terceiro aspecto a ganhar relevo dentro do processo da nova articulação refere-se ao papel da agricultura. Esta tem uma nova e importante função, não tão importante por ser nova mas por ser qualitativamente distinta. De um lado, por seu subsetor dos produtos de exportação, ela deve suprir as necessidades de bens de capital e intermediários de produção externa, antes de simplesmente servir para o pagamento dos bens de consumo; desse modo, a necessidade de mantê-la ativa é evidente por si mesma. O compromisso entre mantê-la ativa e não estimulá-la como setor e unidade central do sistema, a fim de destruir o "velho mercado", será um dos pontos nevrálgicos de todo o período: ao longo dos anos assiste-se aos *booms* e às depressões, os quais afetarão sensivelmente o ritmo da acumulação global, mas é possível dizer que o compromisso é logrado, ainda que instavelmente. De outro lado, por seu subsetor de produtos destinados ao consumo interno, a agricultura deve suprir as necessidades das massas urbanas, para não elevar o custo da alimentação, principalmente e secundariamente o custo das matérias-primas, e não obstaculizar, portanto, o processo de acumulação urbano-industrial. Em torno desse ponto girará a estabilidade social do sistema e de sua realização dependerá a viabilidade do processo de acumulação pela empresa capitalista industrial, fundada numa ampla expansão do "exército industrial de reserva".

A solução do chamado "problema agrário" nos anos da "passagem" da economia de base agrário-exportadora para urbano-industrial é um ponto fundamental para a reprodução das condições da expansão capitalista. Ela é um complexo de soluções, cujas vertentes se apoiam no enorme contingente de mão de obra, na oferta elástica de terras e na viabilização do encontro desses dois fatores pela ação do Estado construindo a infraestrutura, principalmente a rede rodoviária. Ela é um

---

diferenciação da divisão social do trabalho no *nível da economia e da sociedade como um todo*, ao passo que em períodos mais recentes – principalmente após os anos iniciais da década de 1960 – o crescimento da burocracia e da tecnocracia é função mais estrita da diferenciação da divisão social do trabalho no *nível do próprio Estado*, já que na economia como um todo, completada a formação do "novo mercado", novas leis restauravam em parte sua automaticidade.

complexo de soluções cujo denominador comum reside na permanente expansão horizontal da ocupação com baixíssimos coeficientes de capitalização e até sem nenhuma capitalização prévia: numa palavra, opera como uma sorte de "acumulação primitiva". O conceito, tomado de Marx, ao descrever o processo de expropriação do campesinato como uma das condições prévias para a acumulação capitalista, deve ser, para nossos fins, redefinido: em primeiro lugar, trata-se de um processo em que *não se expropria a propriedade* – isso também se deu em larga escala na passagem da agricultura chamada de subsistência para a agricultura comercial de exportação –, mas *se expropria o excedente* que se forma pela posse transitória da terra. Em segundo lugar, a acumulação primitiva não se dá apenas na gênese do capitalismo: em certas condições específicas, principalmente quando esse capitalismo *cresce por elabora*ção de periferias, a acumulação primitiva é estrutural e não apenas genética. Assim, tanto na abertura de fronteiras "externas" como "internas", o processo é idêntico: o trabalhador rural ou o morador ocupa a terra, desmata, destoca, e cultiva as lavouras temporárias chamadas de "subsistência"; nesse processo, ele prepara a terra para as lavouras permanentes ou para a formação de pastagens, que não são dele, mas do proprietário. Há, portanto, uma transferência de "trabalho morto", de acumulação, para o valor das culturas ou atividades do proprietário, ao passo que a subtração de valor que se opera para o produtor direto reflete-se no preço dos produtos de sua lavoura, rebaixando-os. Esse mecanismo é o responsável tanto pelo fato de que a maioria dos gêneros alimentícios vegetais (tais como arroz, feijão, milho) que abastecem os grandes mercados urbanos provenham de zonas de ocupação recente, como pelo fato de que a permanente baixa cotação deles tenha contribuído para o processo de acumulação nas cidades; os dois fenômenos são, no fundo, uma unidade. No caso das fronteiras "externas", o processo se dá mediante o avanço da fronteira agrícola que se expande com a rodovia: norte do Paraná, com o surto do café nas décadas de 1940 e 1950; Goiás e Mato Grosso, na década de 1960, com a penetração da pecuária; Maranhão, na década de 1950, com a penetração do arroz e da pecuária; Belém-Brasília, na década de 1960; oeste do Paraná e sul de Mato Grosso nos últimos quinze anos, com a produção de milho, feijão, suínos. No caso das fronteiras "internas", a rotação de terras e não de culturas, dentro do latifúndio, tem o mesmo papel: o processo secular que se desenvolve no Nordeste, por exemplo, é típico dessa simbiose. O morador, ao plantar sua "roça", planta também o algodão, e o custo de reprodução da força de trabalho é a variável que torna comercializáveis ambas as mercadorias.

Chega a parecer paradoxal que a agricultura "primitiva" possa concorrer com uma agricultura que incorporasse a utilização de novos insumos, como adubos, fungicidas, pesticidas, práticas distintas de cultivo, e, sobretudo, com mecanização. Duvida-se teoricamente de que os custos daquela sejam competitivos e até mais baixos que os possíveis custos desta. No entanto, no Estado de São Paulo, em 1964, no município de Itapeva, a cultura do milho era economicamente mais rentável para os agricultores que praticavam uma técnica composta de tração animal com uso de pouco adubo em relação aos que praticavam uma técnica agrícola de tração motorizada e uso de muito adubo. Enquanto a primeira era utilizada nas lavouras de 1-4 e 5-8 alqueires, a segunda era praticada pelas lavouras de 40-80 alqueires: a renda líquida por alqueire era de Cr$ 89,742 para as lavouras de técnica mais "atrasada", enquanto para as lavouras de técnica mais "adiantada" era de Cr$ 79,654, tudo em cruzeiros de 1964, ainda quando o rendimento por alqueire (economias de escala de grande plantação) da técnica "adiantada" fosse quase 60% mais elevado que o da técnica "atrasada"[6]. O exemplo, mesmo que possa parecer isolado, referente a um só município, é válido para a maior parte da agricultura brasileira de milho, e é mais eloquente por localizar-se em São Paulo, onde presumivelmente várias condições deveriam favorecer o uso de técnicas "adiantadas". Uma combinação, pois, de oferta elástica de mão de obra e oferta elástica de terras reproduz incessantemente uma

---

[6] Dados do estudo realizado por O. T. Ettori, "Aspectos econômicos da produção de milho em São Paulo", recalculados por Ruy Miller Paiva, "O mecanismo de autocontrole no processo de expansão da melhoria técnica da agricultura", *Revista Brasileira de Economia*, ano XXII, n. 3, setembro de 1968.

acumulação primitiva na agricultura, dando origem ao que Ruy Miller Paiva chamou de "mecanismo de autocontrole no processo de expansão da melhoria técnica na agricultura"[7].

O modelo descrito anteriormente, ainda que simplificado, tem importantes repercussões, tanto no âmbito das relações agricultura-indústria, como no nível das atividades agrícolas em si mesmas. Em primeiro lugar, ao impedir que crescessem os custos da produção agrícola em relação à industrial, ele tem um importante papel no custo de reprodução da força de trabalho urbana; e, em segundo lugar, e pela mesma razão de rebaixamento do custo real da alimentação, ele possibilitou a formação de um proletariado rural que serve às culturas comerciais de mercado interno e externo. No conjunto, o modelo permitiu que o sistema deixasse os problemas de distribuição da propriedade – que pareciam críticos no fim dos anos 1950 – ao mesmo tempo que o proletariado rural que se formou não ganhou estatuto de proletariado: tanto a legislação do trabalho praticamente não existe no campo como a previdência social não passa de uma utopia; isto é, do ponto de vista das relações internas à agricultura, o modelo permite a diferenciação produtiva e de produtividade, viabilizada pela manutenção de baixíssimos padrões do custo de reprodução da força de trabalho e portanto do nível de vida da massa trabalhadora rural. Esta é a natureza da conciliação existente entre o crescimento industrial e o crescimento agrícola: se é verdade que a criação do "novo mercado urbano-industrial" exigiu um tratamento discriminatório e até confiscatório sobre a agricultura, de outro lado é também verdade que isso foi compensado até certo ponto pelo fato de que esse crescimento industrial permitiu às atividades agropecuárias manterem seu padrão "primitivo", baseado numa alta taxa de exploração da força de trabalho. Ainda mais, é somente a partir da constituição de uma força de trabalho urbana operária que passou a existir também um operariado rural em maior escala, o que, do ponto de vista das culturas comerciais de mercado interno e externo, significou, sem nenhuma dúvida, reforço à acumulação.

---

7 Ruy Miller Paiva, op. cit.

A manutenção, ampliação e combinação do padrão "primitivo" com novas relações de produção no setor agropecuário têm, do ponto de vista das repercussões sobre os setores urbanos, provavelmente maior importância. Elas permitiram um extraordinário crescimento industrial e dos serviços, para o qual contribuíram de duas formas: em primeiro lugar, fornecendo os maciços contingentes populacionais que iriam formar o "exército de reserva" das cidades, permitindo uma redefinição das relações capital-trabalho, que ampliou as possibilidades da acumulação industrial, na forma já descrita. Em segundo lugar, fornecendo os excedentes alimentícios cujo preço era determinado pelo custo de reprodução da *força de trabalho rural*, combinaram esse elemento com o próprio volume da oferta de força de trabalho urbana, para rebaixar o preço desta. Em outras palavras, o preço de oferta da força de trabalho urbana se compunha basicamente de dois elementos: custo da alimentação[8] – determinado este pelo custo de reprodução da força de trabalho rural – e custo de bens e serviços propriamente urbanos; nestes, ponderava fortemente uma estranha forma de "economia de subsistência" urbana, que se descreverá mais adiante, tudo forçando para baixo o preço de oferta da força de trabalho urbana e, consequentemente, os salários reais. Do outro lado, a produtividade industrial crescia enormemente, o que, contraposto ao quadro da força de trabalho e ajudado pelo tipo de intervenção estatal descrito, deu margem à enorme acumulação industrial das três últimas décadas. Nessa combinação é que está a raiz da tendência à concentração da renda na economia brasileira.

O quadro descrito nada tem a ver com a oposição formal de quaisquer setores "atrasado" e "moderno", assim como está longe de existir a

---

[8] Entre 1944 e 1965, os preços de atacado dos gêneros alimentícios em geral sobem do índice 22 ao índice 3.198, enquanto os preços correspondentes dos produtos industriais sobem do índice 52 ao índice 5.163, do que se depreende o argumento utilizado acima, rejeitando-se o argumento contrário, muito da tese cepalina, de que os custos da produção agrícola obstaculizavam a formação do mercado industrial. Dados da Conjuntura Econômica, citados por Ruy Miller Paiva, "Reflexões sobre as tendências da produção, da produtividade e dos preços do setor agrícola do Brasil", *Revista Brasileira de Economia*, ano XX, ns. 2 e 3, junho/setembro de 1966.

difundida tese da inelasticidade da oferta agrícola, modelo construído a partir da realidade chilena e generalizado para toda a América Latina pela Cepal, aplicado ao Brasil, repetida e especialmente por Celso Furtado. A indústria, como tal, nunca precisou do mercado rural como consumidor, ou melhor dizendo, nunca precisou de incrementos substantivos do mercado rural para viabilizar-se. Não é sem razão que, instalada e promovida ao mesmo tempo que a produção de automóveis, a produção de tratores engatinhou até agora, não chegando a uma vigésima parte daquela coirmã; a produção e o consumo de fertilizantes, que têm experimentado incrementos importantes no último quinquênio, é o tipo de insumo que não altera a relação homem/terra que é a base do modelo "primitivo" da agricultura ou, melhor ainda, intensifica o uso do trabalho. Assim, a orientação da indústria foi sempre e principalmente voltada para os mercados urbanos não apenas por razões de consumo mas, primordialmente, porque o modelo de crescimento industrial seguido é que possibilita adequar o estilo desse desenvolvimento com as necessidades da acumulação e da realização da mais-valia: um crescimento que se dá por concentração, possibilitando o surgimento dos chamados setores de "ponta". Assim, não é simplesmente o fato de que, em termos de produtividade, os dois setores – agricultura e indústria – estejam distanciando-se, que autoriza a construção do modelo dual; por detrás dessa aparente dualidade, existe uma integração dialética. A agricultura, nesse modelo, cumpre um papel vital para as virtualidades de expansão do sistema: seja fornecendo os contingentes de força de trabalho, seja fornecendo os alimentos no esquema já descrito, ela tem uma contribuição importante na compatibilização do processo de acumulação global da economia. De outra parte, ainda que pouco represente como mercado para a indústria, esta, no seu crescimento, redefine as condições estruturais daquela, introduzindo novas relações de produção no campo, que torna viável a agricultura comercial de consumo interno e externo pela formação de um proletariado rural. Longe de um crescente e acumulativo isolamento, há relações estruturais entre os dois setores que estão na lógica do tipo de expansão capitalista dos últimos trinta anos no Brasil. A tensão entre agricultura e indústria brasileiras não se dá no nível das relações das forças produtivas, mas se dá ou se transfere para o nível interno das relações de produção tanto na indústria como na agricultura.

A formação do setor industrial é outro dos pontos críticos do processo. Trata-se, como já se salientou parágrafos atrás, de tornar a empresa industrial a unidade-chave do sistema e de criar ou consolidar novos parâmetros, novos preços de mercado, que canalizem e orientem o esforço da acumulação *sobre* a empresa industrial. Para tanto, o Estado deliberadamente intervirá, nos pontos e nas formas simplificadamente já enunciadas. A interpretação do arranque industrial que se dá pós-anos 1930 tem sido exageradamente reduzida à chamada "substituição de importações": a crise cambial encarece os bens até então importados e, no limite, a não disponibilidade de divisas e a Segunda Guerra Mundial impedem, até do ponto de vista físico, o acesso aos bens importados; isso dá lugar a uma demanda contida ou insatisfeita, que será o horizonte de mercado estável e seguro para os empresários industriais que, sem ameaça de competição, podem produzir e vender produtos de qualidade mais baixa que os importados e a preços mais elevados. Posteriormente, a adoção de uma clara política alfandegária protecionista ampliará as margens de preferência para os produtos de fabricação interna. Não há dúvida de que a descrição corresponde, sinteticamente, à forma do processo.

Segundo o modelo dualista cepalino, nessa forma estaria a raiz da formação dos dois polos, o "atrasado" e o "moderno", e a imposição de formas de consumo sofisticadas[9] que debilitariam a propensão para poupar de um lado, e de outro, por serem demandas quantativamente pouco volumosas, obrigariam a indústria a superdimensionar suas unidades, adotar técnicas *capital-intensives* diminuindo o multiplicador do emprego, trabalhar com capacidade ociosa e deprimir a relação produto/capital: a longo prazo, isso redundaria numa deterioração da taxa de lucro

[9] Este tipo de argumentação é ratificado por Celso Furtado em "Dependencia Externa y Teoria Económica", *El Trimestre Económico*, vol. XXXVIII (2), n. 150, México, 1971.

e da taxa de inversão e, consequentemente, da taxa de crescimento[10]. Já Maria da Conceição Tavares e José Serra[11] demonstraram convincentemente que os supostos dessa construção não se sustentam tanto teórica como empiricamente, ainda quando se permaneça no marco conceitual do modelo cepalino. A verdade é que do modelo cepalino estão ausentes conceitos como "mais-valia", que são suficientes para explicar como, ainda no caso de serem corretos os supostos cepalinos, sua conclusão unidirecional é equivocada, pois podem aumentar a mais-valia relativa e ainda a mais-valia absoluta (decréscimo absoluto dos salários reais e não apenas decréscimo relativo). Por outro lado, a rentabilidade ou a taxa de lucro podem aumentar ainda quando *fisicamente* o capital não seja utilizado integralmente: não somente a variável "mais-valia" joga um papel fundamental nessa possibilidade, como as posições monopolísticas das empresas, elevando os preços dos produtos.

O estilo de interpretação ao qual se costumou associar a industrialização, tanto na América Latina quanto no Brasil, e que fornece as bases para uma tímida teoria da integração latino-americana[12] privilegia as relações externas das economias capitalistas da América Latina e, nesse diapasão, transforma a teoria do subdesenvolvimento numa teoria da dependência[13]. Parece, assim, que a industrialização substitutiva de importações funda-se numa necessidade do consumo e não numa necessidade da produção, *verbi gratiae*, da acumulação; além disso, as formas de consumo impostas de fora para dentro parecem não ter nada que ver com a estrutura de classes, com a forma da distribuição da renda, e são impostas em abstrato: começa-se a produzir bens sofisticados de consumo, e essa produção é que cria as novas classes, é que conforma o padrão de distribuição da renda, é que "perverte" a

---

[10] A forma mais completa desse modelo e sua conclusão mais radical acham-se formuladas por Celso Furtado em *Subdesenvolvimento e estagnação na América Latina*, Rio de Janeiro, Civilização Brasileira, 1966.

[11] Op. cit.

[12] Ver ILPES, *La brecha comercial y la integración latinoamericana,* México, Siglo XXI, 1967.

[13] Celso Furtado, "Dependencia Externa y Teoria Económica", op. cit.

orientação do processo produtivo, levando no seu paroxismo à recriação do "atrasado" e do "moderno". No entanto, a experiência histórica muito próxima de nós encarrega-se de demonstrar exatamente o contrário do que afirma essa versão da teoria do subdesenvolvimento: a Argentina industrializou-se, no período 1870-1930, em plena fase de *crescente integração* com a economia capitalista internacional, em regime preponderantemente livre-cambista, em períodos nos quais dispunha de ampla capacidade de importação. A que se deve isso? Simplesmente à razão – que não é difícil reconhecer se não se quer complicar o que é simples – de que a industrialização sempre se dá visando, em primeiro lugar, atender às necessidades da acumulação, e não às do consumo. Concretamente, se existe uma importante massa urbana, força de trabalho industrial e dos serviços, e se é importante manter baixo o custo de reprodução dessa força de trabalho a fim de não ameaçar a inversão, torna-se inevitável e necessário produzir bens internos que fazem parte do custo de reprodução da força de trabalho; o custo de oportunidade entre gastar divisas para manter a força de trabalho e produzir internamente favorece sempre a segunda alternativa e não a primeira. No Brasil, também foi assim: começou-se a produzir internamente em *primeiro lugar* os bens de consumo não duráveis destinados, primordialmente, ao consumo das chamadas classes populares (possibilidade respaldada, além de tudo, pelo elenco de recursos naturais do país) e não o inverso, como comumente se pensa. O fato de que o processo tenha desembocado num modelo concentracionista, que numa segunda etapa de expansão vai deslocar o eixo produtivo para a fabricação de bens de consumo duráveis, não se deve a *nenhum fetiche ou natureza dos bens*, a nenhum "efeito-demonstração", *mas à redefinição das relações trabalho-capital*, à *enorme ampliação do "exército industrial de reserva"*, *ao aumento da taxa de exploração*, às *velocidades diferenciais de crescimento de salários e produtividade que reforçaram a acumulação*. Assim, foram as necessidades da acumulação e não as do consumo que orientaram o processo de industrialização: a "substituição de importações" é apenas a forma dada pela crise cambial, a condição necessária, porém não suficiente.

Numa segunda etapa, o processo dirigiu-se à produção dos bens de consumo duráveis, intermediários e de capital. É possível perceber-se, também, que a orientação decorreu mais das necessidades da produção/acumulação que do consumo: este é privilegiado sempre no nível da ideologia "desenvolvimentista" (análise do Grupo Cepal-BNDE que forneceu as bases para o Plano de Metas do período Kubitschek), mas é duvidoso que o melhor atendimento ao consumo fosse mais racionalmente logrado com produtos de qualidade inferior e de preços mais altos. Ainda no nível do discurso dos planos de desenvolvimento é fácil perceber que realmente a variável privilegiada é a dos *efeitos interindustriais* das novas produções, isto é, a produção e a acumulação. Pouco importa, para a *rationale* da acumulação, que os preços nacionais sejam mais altos que os dos produtos importados: ou melhor, é *preciso exatamente que os preços nacionais sejam mais altos*, pois ainda quando eles se transmitam interindustrialmente a outras produções e exatamente por isso elevem também a média dos preços dos demais ramos chamados "dinâmicos", do ponto de vista da acumulação essa produção pode realizar-se porque a redefinição das relações trabalho-capital deu lugar à concentração de renda que torna consumíveis os produtos e, por sua vez, reforça a acumulação, dado que a alta produtividade dos novos ramos em comparação com o crescimento dos salários dá um "salto de qualidade", reforçando a tendência à concentração da renda. O que é absolutamente necessário é que os altos preços não se transmitam aos bens que formam parte do custo de reprodução da força de trabalho, o que ameaçaria a acumulação. Já os preços dos produtos dos ramos chamados "dinâmicos" podem e até devem ser mais altos comparativamente aos importados, porque a realização da acumulação que depende deles se realiza interna e não externamente. Em outras palavras, somente tem sentido falar em preços competitivos quando se trata de produtos que vão ao mercado externo: para o processo capitalista no Brasil é importante que o custo de produção de café seja competitivo internacionalmente, mas nenhuma importância tem o fato de que os automóveis nacionais sejam duas a três vezes mais caros que seus similares estrangeiros[14]. Tendo como demanda as classes altas em uma distribuição de renda extremamente desigualitária, a produção nacional de bens de consumo duráveis, dos quais o automóvel é um arquétipo, encontra mercado e realiza sua função na acumulação tornando as unidades e os ramos fabris a ela dedicados as unidades-chave do sistema: essas não apenas estão entre as mais rentáveis e mais promissoras do setor industrial, como orientam o perfil da estrutura produtiva. Um raciocínio neoclássico-marginalista aconselharia à baixa do preço dos automóveis, por exemplo, baseado no suposto de uma alta elasticidade-renda daquela demanda: porém, como para o sistema e as empresas não é o consumo o objetivo, essa manobra apenas significaria vender mais carros sem repercussão favorável nos lucros, que poderiam até baixar[15].

O outro termo da equação urbano-industrial são os chamados "serviços", um conjunto heterogêneo de atividades, cuja única homogeneidade consiste na característica de não produzirem bens materiais. O papel

---

[14] Outra é a situação quando se tenta exportá-los: então é necessário que eles sejam competitivos; daí a razão pela qual o subsídio que o Governo dá, hoje, às exportações de manufaturados se situe em torno de 40% do preço FOB. Mas essa exportação é marginal para a acumulação e, na maioria dos casos, representa, para a economia global, "queima" de excedente, embora possa ser ótimo negócio para as empresas.

[15] No Brasil, recentemente, assiste-se a uma evolução paradoxal do ponto de vista da teoria tradicional, na produção de automóveis. A Volkswagen é a única produtora nacional de veículos de passeio que, pelo volume de vendas de um único modelo – o conhecido "Fusca" –, poderia beneficiar-se de economias de escala, reduzindo, portanto, o custo de produção do seu modelo popular e, segundo a teoria convencional, ampliando o mercado. A política da Volkswagen tem sido completamente oposta a esse modelo: nos últimos anos, a empresa diversificou sua linha de produção, passando da produção de um carro popular para mais de seis modelos diferentes, todos em linha ascensional de preços, buscando, justamente, competir pelo mercado das classes de altas rendas. O modelo mais sofisticado da Volkswagen se iguala com os automóveis da linha Opala, da General Motors, carros evidentemente destinados a uma faixa de mercado que não pode ser chamada de popular. No limite, a Volkswagen terá – se quiser continuar competindo pelo mercado de altas rendas – que mudar totalmente a concepção dos seus veículos, que encontra uma limitação muito séria na pequena potência do motor, ao contrário dos seus concorrentes no mercado brasileiro, que tendem todos a motores de potência similar aos do mercado americano.

e a função dos serviços numa economia não têm sido matéria muito atraente para os economistas, a julgar pela literatura existente. A obra clássica de Colin Clark, *The Conditions of Economic Progress* (As condições do progresso econômico)* sentou as bases do modelo empírico de desagregação do conjunto das atividades econômicas nos três setores, Primário, Secundário e Terciário. Analiticamente, o modelo de Clark tem servido de paradigma para a observação da participação dos três setores no produto interno bruto, tomando-se a elevação relativa do produto Secundário (industrial) e do produto Terciário (dos serviços) como sinal de diversificação e desenvolvimento econômico. Sem embargo, também tem sido usado o modelo de Clark num sentido equivocado, qual seja o de confundir as relações formais entre os três setores com suas relações estruturais, isto é, com o papel que cada um desempenha no conjunto da economia e com o papel interdependente que jogam entre si. O modelo de Clark é, repita-se, empírico-formal: ele assinala apenas as formas da divisão social do trabalho e sua aparição sequencial. Quando é utilizado para descrever uma formação econômico-social concreta ou um modo de produção, necessário se faz indagar das relações estruturais entre os setores e do papel que cada um cumpre na estruturação global do modo de produção concreto.

A utilização, em abstrato, do modelo de Clark tem levado, nos modelos analíticos da teoria do subdesenvolvimento, a uma interpretação equivocada que forma parte do que se chamou linhas atrás o "modo de produção subdesenvolvido": neste, o setor Terciário ou de serviços estaria representado, em termos de participação no produto e no emprego, num *quantum* desproporcional. Em outras palavras, segundo os teóricos do subdesenvolvimento, o setor Terciário *tem* participações nos agregados referidos que *ainda não deveria ter* : é "inchado". Uma das características, assim, do "modo de produção subdesenvolvido" é ter um Terciário "inchado", que consome excedente e comparece como um peso morto na formação do produto. Deve-se convir que um certo mecanismo de inspiração marxista também contribuiu para essa formulação: os serviços,

---

* 3ª ed., Londres/Nova York, Macmillan/Martin's Press, 1957. (N.E.)

nessa vertente teórica, de um modo geral, são "improdutivos", nada agregando de *valor* ao produto social. Essa interpretação distingue os serviços de transporte e comunicações, por exemplo, dos de intermediação: os primeiros ainda seriam produtivos, enquanto os segundos não. Conviria perguntar se a produção de serviços de intermediação ou de publicidade, por exemplo, não representam, também, *trabalho socialmente necessário para a reprodução* das condições do sistema capitalista, entre as quais a dimensão da dominação se coloca como das mais importantes: dificilmente se poderia contestar que não; ela faz parte, inclusive, da reprodução da mercadoria que distingue o capitalismo de outros modos de produção: da mercadoria *trabalho*.

A discussão anterior serve para introduzir a seguinte questão: como se explica a dimensão do Terciário numa economia como a brasileira? Entre 1939 e 1969, a participação do Terciário no produto interno líquido manteve-se entre 55% e 53%, enquanto a porcentagem da população economicamente ativa, isto é, da força de trabalho, saltava de 24% para 38%; o Terciário configura-se, assim, como o setor que mais absorveu os incrementos da força de trabalho. Tal absorção pode, simplesmente, ser creditada à incapacidade de o setor Primário reter a população e, por oposição, à impossibilidade de os incrementos serem absorvidos pelo Secundário (indústria)[16]? *A hipótese que se assume aqui* é *radicalmente distinta: o crescimento do Terciário, na forma em que se dá, absorvendo crescentemente a força de trabalho, tanto em termos absolutos como relativos, faz parte do modo de acumulação urbano adequado à expansão do sistema capitalista no Brasil; não se está em presença de nenhuma "inchação", nem*

[16] Muita da teorização sobre o Terciário "inchado" é meramente conjuntural. Foi a relativa desaceleração do incremento da ocupação na indústria, no intervalo 1950-1960, que forneceu a base empírica da teorização. No entanto, os resultados preliminares do censo demográfico de 1970 indicam que, no intervalo 1960-1970, a taxa de crescimento da ocupação no setor industrial quase dobrou em relação à década imediatamente anterior. E isso num período em que, evidentemente, a *destruição* do artesanato pelo estabelecimento fabril característico já é irrelevante, tornando mais próxima, portanto, a criação *bruta* de empregos da criação *líquida*. Neste caso, como fica a teorização do "inchado"?

de nenhum segmento "marginal" da economia. Explicita-se o que funda esta interpretação.

Nas condições concretas da expansão do capitalismo no Brasil, o crescimento industrial teve que se produzir sobre uma base de acumulação capitalista razoavelmente pobre, já que a agricultura fundava-se, em sua maior parte, sobre uma "acumulação primitiva". Isso quer dizer que o crescimento anterior à expansão industrial dos pós-anos 1930 não somente não acumulava em termos adequados à empresa industrial, como não sentou as bases da infraestrutura urbana sobre a qual a expansão industrial repousasse: antes da década de 1920, com exceção do Rio de Janeiro, as demais cidades brasileiras, incluindo-se nelas São Paulo, não passavam de acanhados burgos, sem nenhuma preparação para uma industrialização rápida e intensa. Ora, entre os anos 1939 e 1969, a participação do produto do Secundário no produto líquido passa de 19% para quase 30%, enquanto a força de trabalho no setor vai de 10% a 18%. Esses dados sintéticos ajudam a dar conta da intensidade do crescimento industrial. No processo de sua expansão, sem contar com magnitudes prévias de acumulação capitalística, o crescimento industrial forçosamente teria que centrar sobre a empresa industrial toda a virtualidade da acumulação propriamente capitalista; sem embargo, ela não poderia dar-se sem o apoio de serviços propriamente urbanos, diferenciados e desligados da unidade fabril propriamente dita, as chamadas "economias externas". Era tal a carência desses serviços, que a primeira onda de industrialização assistiu à tentativa de autarquização das unidades fabris, processo que logo seria substituído por uma divisão do trabalho para além dos muros da fábrica. Logo em seguida, com a continuidade da expansão industrial, esta vai compatibilizar-se com a ausência de acumulação capitalista prévia, que financiasse a implantação dos serviços, lançando mão dos recursos de mão de obra, reproduzindo nas cidades um tipo de crescimento horizontal, extensivo, de baixíssimos coeficientes de capitalização, em que a função de produção sustenta-se basicamente na abundância de mão de obra. Assiste-se, inclusive, à revivescência de formas de produção artesanais, principalmente nos chamados serviços de reparação (oficinas de todos os tipos). Entre 1940 e 1950, os Serviços de Produção passam de uma participação de 9,2% para 10,4%, no emprego total, enquanto os Serviços de Consumo Individual mantêm-se praticamente em torno de 6,3%; já os Serviços de Consumo Coletivo também experimentam elevação no emprego total: de 4,2% passam a 5,1%. Entre 1950 e 1960, só se dispõe de dados desagregados para os Serviços de Produção, que continuam a elevar sua participação no emprego total, desta vez para 11,5% e, embora não existam informações desagregadas para os outros tipos de serviço, é possível pensar que estes não aumentaram sua participação no emprego total, já que o total para o agregado *Terciário* mantém-se estacionário, quando não declinante[17]. Isso quer dizer que, provavelmente, é o crescimento dos Serviços da Produção o maior responsável, nas décadas sob análise, pelo crescimento do emprego nos serviços ou no Terciário em geral, crescimento diretamente ligado à expansão das atividades industriais.

Em poucas palavras, o fenômeno que existe não é o de uma "inchação" do Terciário. O tamanho deste, numa economia como a brasileira, do ponto de vista de sua participação no emprego total, é uma questão estreitamente ligada à acumulação urbano-industrial. A aceleração do crescimento, cujo epicentro passa a ser a indústria, exige, das cidades brasileiras – sedes por excelência do novo ciclo de expansão –, infraestrutura e requerimentos em serviços para os quais elas não estavam previamente dotadas. A intensidade do crescimento industrial, que em trinta anos passa de 19% para 30% de participação no produto bruto, *não permitirá uma intensa e simultânea capitalização nos serviços*, sob pena de esses concorrerem com a indústria propriamente dita pelos escassos fundos disponíveis para a acumulação capitalística. Tal

---

[17] Ver Paul Singer, *Força de trabalho e emprego no Brasil, 1920-1969,* Caderno 3, Cadernos Cebrap, São Paulo, 1971. Será no período 1960-1969 que os Serviços de Consumo Individual superarão os Serviços de Produção, na participação no emprego total: os primeiros atingirão 15,3%, enquanto os segundos estarão em 13% (dados do PNAD, 3º trimestre de 1969). Isto é, o extraordinário crescimento dos Serviços de Consumo Individual, tradicionalmente considerados como "depósito" de mão de obra, se dá exatamente quando o Secundário como um todo e, particularmente, a indústria recuperam o dinamismo na criação de emprego.

contradição é resolvida mediante o crescimento não capitalístico do setor Terciário. Esse modelo nada tem de parecido com o do Terciário "inchado", embora sua descrição possa coincidir: aqui, trata-se de um tipo de crescimento para esse setor – o dos serviços em geral – *que não é contraditório* com a forma de acumulação, que *não é obstáculo* à expansão global da economia, que *não é consumidor de excedente*. A razão básica pela qual pode ser negada a negatividade do crescimento dos serviços – sempre do ponto de vista da acumulação global – é que a aparência de "inchação" esconde um mecanismo fundamental da acumulação: os serviços realizados à base de pura força de trabalho, que é remunerada a níveis baixíssimos, transferem, permanentemente, para as atividades econômicas de corte capitalista, uma fração do seu valor, "mais-valia" em síntese[18]. Não é estranha a simbiose entre a "moderna" agricultura de frutas, hortaliças e outros produtos de granja com o comércio ambulante?[19] Qual é o volume de comércio de certos

---

[18] As ortodoxias de todos os tipos certamente experimentarão engulhos com essa afirmação: a ortodoxia do "inchado", a ortodoxia do *lumpenproleriat*, a ortodoxia neomaltusiana, a ortodoxia neoclássica marginalista; pois uma proposição desse tipo não se coaduna com preconceitos ideológicos, tampouco com a pobre aritmética que propõe redução da população para aumentar a renda *per capita*, nem ainda com a teoria dos "desvios" na alocação ótima de fatores, que vê o "preto" da situação atual como um prenúncio das manhãs douradas do amanhã, quando o sistema poderá "distribuir" o que hoje tem necessidade de concentrar.

[19] Uma declaração do presidente do Sindicato Rural dos Agricultores de São Roque, Estado de São Paulo, ao jornal *O Estado de S.Paulo*, edição de domingo, 19 de março de 1972, explica bem a relação existente: falando a respeito da crise surgida na fruticultura, decorrente de uma excelente safra e de um fraco movimento de vendas, ele diz: "... foi um golpe inesperado para o comércio de frutas (a proibição do comércio ambulante pela Prefeitura de São Paulo), pois os ambulantes são *imprescindíveis* para a colocação das frutas junto aos consumidores. Sem eles – existem cerca de 600 – *houve um colapso no sistema de distribuição e os produtores tiveram que arcar com os prejuízos*, enquanto o povo ficou sem condições de comprar frutas, apesar do preço 'básico'". Grifos novos. Essa lição elementar nos diz que: os produtores arcaram com os prejuízos, que *não* decorrem dos preços "básicos", *mas da ausência* física do comércio ambulante. Ora, os ambulantes não poderiam aumentar os preços, o que significa dizer que os prejuízos – fração da renda dos produtores que *não foi realizada, depende*, para sua realização, do *trabalho dos ambulantes*. Por aí se vê o mecanismo de transferência posto em ação.

produtos *industrializados* – o grifo é proposital – tais como lâminas de barbear, pentes, produtos de limpeza, instrumentos de corte, e um sem-número de pequenos objetos, que é realizado pelo comércio ambulante das ruas centrais de nossas cidades? Qual é a relação que existe entre o aumento da frota de veículos particulares em circulação e os serviços de lavagem de automóveis realizados braçalmente? Existe alguma incompatibilidade entre o volume crescente da produção automobilística e a multiplicação de pequenas oficinas destinadas à *reprodução* dos veículos? Como explicar que todos os tipos de serviços de consumo pessoal cresçam mais exatamente quando a indústria recupera seu dinamismo na criação de empregos e quando todo um processo se cristaliza – conforme os resultados do censo demográfico de 1970 – numa distribuição da renda mais desigual? Esses tipos de serviços, longe de serem excrescência e apenas depósito do "exército industrial de reserva", são adequados para o processo da acumulação global e da expansão capitalista e, por seu lado, reforçam a tendência à concentração da renda[20].

As cidades são, por definição, a sede da economia industrial e de serviços. O crescimento urbano é, portanto, a contrapartida da desruralização do produto, e, nesse sentido, quanto menor a ponderação das atividades agrícolas no produto, tanto maior a taxa de urbanização. Portanto, em primeiro lugar, o incremento da urbanização no Brasil

---

[20] Mesmo certos tipos de serviços estritamente pessoais, prestados diretamente ao consumidor e até dentro das famílias, podem revelar uma forma disfarçada de exploração que reforça a acumulação. Serviços que, para serem prestados fora das famílias, exigiriam uma infraestrutura de que as cidades não dispõem e, evidentemente, uma base de acumulação capitalística que não existe. A lavagem de roupas em casa somente pode ser substituída *em termos de custos* por lavagem industrial que compita com os baixos salários pagos às empregadas domésticas; o motorista particular que leva as crianças à escola somente pode ser substituído por um eficiente sistema de transportes coletivos que não existe. Comparado com um americano médio, um brasileiro da classe média, com rendimentos monetários equivalentes, desfruta de um padrão de vida real mais alto, incluindo-se neste todo tipo de serviços pessoais no nível da família, basicamente sustentado na exploração da mão de obra, sobretudo feminina.

obedece à lei do decréscimo da participação da agricultura no produto total. Sem embargo, apenas o crescimento da participação da indústria ou do setor Secundário como um todo não seria o responsável pelos altíssimos incrementos da urbanização no Brasil. Esse fato levou uma boa parcela dos sociólogos, no Brasil e na América Latina, a falar de uma urbanização sem industrialização e do seu xipófago, uma urbanização com marginalização. Ora, o processo de crescimento das cidades brasileiras – para falar apenas do nosso universo – não pode ser entendido senão dentro de um marco teórico onde as necessidades da acumulação impõem um crescimento dos serviços horizontalizado, cuja forma aparente é o caos das cidades. Aqui, uma vez mais é preciso não confundir "anarquia" com caos; o "anárquico" do crescimento urbano não é "caótico" em relação às necessidades da acumulação: mesmo uma certa fração da acumulação urbana, durante o longo período de liquidação da economia pré-anos 1930, revela formas do que se poderia chamar, audazmente, de "acumulação primitiva". Uma não insignificante porcentagem das residências das classes trabalhadoras foi construída pelos próprios proprietários, utilizando dias de folga, fins de semana e formas de cooperação como o "mutirão". Ora, a habitação, bem resultante dessa operação, se produz por trabalho não pago, isto é, supertrabalho. Embora aparentemente esse bem não seja desapropriado pelo setor privado da produção, ele contribui para aumentar a taxa de exploração da força de trabalho, pois o seu resultado – a casa – reflete-se numa baixa aparente do custo de reprodução da força de trabalho – de que os gastos com habitação são um componente importante – e para deprimir os salários reais pagos pelas empresas. Assim, uma operação que é, na aparência, uma sobrevivência de práticas de "economia natural" dentro das cidades, casa-se admiravelmente bem com um processo de expansão capitalista, que tem uma de suas bases e seu dinamismo na intensa exploração da força de trabalho.

O processo descrito, em seus vários níveis e formas, constitui o modo de acumulação global próprio da expansão do capitalismo no Brasil no pós-anos 1930. A evidente desigualdade de que se reveste que, para usar a expressão famosa de Trotsky, é não somente desigual mas combinada, é produto antes de uma base capitalística de acumulação *razoavelmente pobre para sustentar a expansão industrial e a conversão da economia pós-anos 1930, que da existência de setores "atrasado" e "moderno"*. Essa combinação de desigualdades não é original; em qualquer câmbio de sistemas ou de ciclos, ela é, antes, uma presença constante. A originalidade consistiria talvez em dizer que – sem abusar do gosto pelo paradoxo – a expansão do capitalismo no Brasil se dá introduzindo relações novas no arcaico e reproduzindo relações arcaicas no novo, um modo de compatibilizar a acumulação global, em que a introdução das relações novas no arcaico libera força de trabalho que suporta a acumulação industrial-urbana e em que a reprodução de relações arcaicas no novo *preserva* o potencial de acumulação liberado *exclusivamente* para os fins de expansão do próprio novo. Essa forma parece absolutamente necessária ao sistema *em sua expressão concreta no Brasil*, quando se opera uma transição tão radical de uma situação em que a realização da acumulação dependia quase integralmente do setor externo, para uma situação em que será a gravitação do setor interno o ponto crítico da realização, da permanência e da expansão dele mesmo. *Nas condições concretas descritas, o sistema caminhou inexoravelmente para uma concentração da renda, da propriedade e do poder* , em que as próprias medidas de intenção corretiva ou redistributivista – como querem alguns – transformaram-se no pesadelo prometeico da recriação ampliada das tendências que se queria corrigir.

III

UM *INTERMEZZO* PARA A REFLEXÃO POLÍTICA: REVOLUÇÃO BURGUESA E ACUMULAÇÃO INDUSTRIAL NO BRASIL

Ao longo das páginas anteriores, algumas questões permaneceram obscuras. Ainda que se rejeite a demanda de "especificidade global" que está implícita na tese do "modo de produção subdesenvolvido", é evidente que a história e o processo da economia brasileira no pós-anos 1930 contêm alguma "especificidade particular"; isto é, a história e o processo da economia brasileira podem ser entendidos, de modo geral, como a da expansão de uma economia capitalista – que é a tese deste ensaio –, mas essa expansão não repete nem reproduz *ipsis litteris* o modelo clássico do capitalismo nos países mais desenvolvidos, nem a estrutura que é o seu resultado. Incorpora-se aqui, desde logo, a advertência contida em numerosos trabalhos de não se tomar o "classicismo" do modelo ocidental como "regra estrutural".

A aceitação de que se trata da expansão de uma economia capitalista decorre do reconhecimento de que o pós-anos 1930 não mudou as relações básicas do sistema do ponto de vista de proprietários e não proprietários dos meios de produção, isto é, do ponto de vista de compradores e vendedores de força de trabalho; o sistema continua tendo por base e norte a realização do lucro. Aqui se perfila um ponto essencial da tese: o de que, tomando como um *dado* a inserção e a filiação da economia brasileira ao sistema capitalista, sua transformação estrutural, nos moldes do processo pós-anos 1930, passa a ser, predominantemente, uma possibilidade definida *dentro dela mesma*; isto é, as relações de produção vigentes continham em si a possibilidade de reestruturação global do sistema, aprofundando a estruturação capitalista, *ainda quando o esquema da divisão internacional do trabalho* no próprio sistema capitalista mundial *fosse adverso*. Nisso reside uma diferenciação da tese básica da dependência, que somente vê essa possibilidade *quando há sincronia* entre os movimentos interno e externo.

Do ponto de vista da articulação interna das forças sociais interessadas na reprodução de capital, há somente uma questão a ser resolvida: a da substituição das classes proprietárias rurais na cúpula da pirâmide do poder pelas novas classes burguesas empresário-industriais. As classes trabalhadoras em geral não têm nenhuma possibilidade nessa encruzilhada: inclusive a tentativa de revolução, em 1935, refletirá mais um momento de indecisão entre as velhas e as novas classes dominantes que uma possibilidade determinada pela força das classes trabalhadoras. Mas, do ponto de vista das relações *externas* com o resto do sistema capitalista, a situação era completamente oposta. A crise dos anos 1930, em todo o sistema capitalista, cria o vazio, mas não a alternativa de rearticulação; em seguida, a Segunda Guerra Mundial continuará obstaculizando essa rearticulação e, não paradoxalmente, reativará o papel de fornecedor de matérias-primas de economias como a do Brasil. O mundo emerge da guerra com um problema crucial, qual seja o de reconstruir as economias dos países ex-inimigos, a fim de, entre outras coisas, evitar uma expansão do socialismo *nos países já desenvolvidos* (esse sistema se expandirá exatamente na periferia). E essa reconstrução não apenas desvia os recursos que, alternativamente, numa perspectiva prebischiana, poderiam ser aplicados nos países não industriais do sistema capitalista, como restaura algo da divisão internacional do trabalho do pré-guerra: a reconstrução das economias devastadas terá a indústria como estratégia central e o comércio de manufaturas entre as nações industriais[1] do sistema será a condição de viabilidade da estratégia; aos países não industriais do sistema continuará cabendo, por muito tempo, dentro dessa divisão do trabalho, o papel de produtor de matérias-primas e produtos agrícolas.

Nessas circunstâncias, a expansão do capitalismo no Brasil repousará, essencialmente, na dialética interna das forças sociais em pugna; serão as possibilidades de mudança no modo de acumulação, na estrutura do poder e no estilo de dominação, as determinantes do processo. No limite, a possibilidade significará estagnação e reversão à economia primário-exportadora. Entre essas duas tensões, emerge a revolução burguesa no Brasil. O populismo será sua forma política, e essa é uma das "especificidades particulares" da expansão do sistema.

Ao contrário da revolução burguesa "clássica", a mudança das classes proprietárias rurais pelas novas classes burguesas empresário-industriais não exigirá, no Brasil, uma ruptura total do sistema, não apenas por razões genéticas, mas por razões estruturais. Aqui, passa-se uma crise nas relações externas com o resto do sistema, enquanto no modelo "clássico" a crise é na totalidade da economia e da sociedade. No modelo europeu, a hegemonia das classes proprietárias rurais é total e paralisa qualquer desenvolvimento das forças produtivas, pelo fato mesmo de que as economias "clássicas" não entravam em nenhum sistema que lhes fornecesse os bens de capital de que necessitavam para sua expansão: ou elas produziriam tais bens de capital ou não haveria expansão do capitalismo,

---

1 O Japão tem sido utilizado, extensamente, na literatura técnica, como um exemplo de país "subdesenvolvido" que ultrapassou essa barreira, no pós-guerra, através de uma industrialização dedicada às exportações. Nesse sentido, ele serve como paradigma tanto para demonstrar a possibilidade de industrialização e desenvolvimento que o sistema capitalista oferece para os que têm "competência", como para demonstrar um caso "sadio" de crescimento "para fora", expandindo capacidade para importar etc. A literatura apologética do caso japonês esquece que o Japão pré-guerra não poderia, sob qualquer critério, ser considerado "subdesenvolvido", pois até Hiroshima e Nagasaki ele se enfrenta, no mesmo nível tecnológico, com os Estados Unidos, numa guerra convencional (diferentemente da guerra do Vietnã). Além disso, a reconstrução japonesa e a agressiva política de exportações foram *permitidas* como o preço que o capitalismo teria que pagar para não perder um importante membro do sistema.

enquanto sistema produtor de mercadorias. A ruptura tem que se dar, em todos os níveis e em todos os planos. Aqui, as classes proprietárias rurais são parcialmente hegemônicas, no sentido de manter o controle das relações externas da economia, que lhes propiciava a manutenção do padrão de reprodução do capital adequado para o tipo de economia primário-exportadora. Com o colapso das relações externas, essa hegemonia desemboca no vácuo; mas, nem por isso, *ipso facto* entram em ação mecanismos automáticos que produzissem a industrialização por "substituição de importações". Estavam dadas as condições necessárias mas não suficientes. A condição suficiente será encontrar um novo modo de acumulação que substitua o acesso externo da economia primário-exportadora. E, para tanto, é preciso adequar antes as relações de produção. O populismo é a larga operação dessa adequação, que começa por estabelecer a forma da junção do "arcaico" e do "novo", corporativista como se tem assinalado, cujo epicentro será a fundação de novas formas de relacionamento entre o capital e o trabalho, a fim de criar as fontes internas da acumulação. A legislação trabalhista criará as condições para isso.

Ao mesmo tempo que cria as condições para a acumulação necessária para a industrialização, a legislação trabalhista, no sentido dado por Weffort[2], é a cumeeira de um pacto de classes, no qual a nascente burguesia industrial usará o apoio das classes trabalhadoras urbanas para liquidar politicamente as antigas classes proprietárias rurais; e essa aliança é não somente uma derivação da pressão das massas, mas uma necessidade para a burguesia industrial evitar que a economia, após os anos da guerra e com o *boom* dos preços do café e de outras matérias-primas de origem agropecuária e extrativa, reverta à situação pré-anos 1930. Assim, inaugura-se um longo período de convivência entre políticas aparentemente contraditórias, que, de um lado, penalizam

---

2 Ver Francisco Weffort, "Estado e massas no Brasil", *Revista Civilização Brasileira,* ano 1, n. 7, maio de 1966. Rio de Janeiro, Civilização Brasileira, 1966. Não se concorda, na interpretação de Weffort, com nenhum "distributivismo" econômico imputado ao populismo.

a produção para exportação mas procuram manter a capacidade de importação do sistema – dado que são as produções agropecuárias as únicas que geram divisas – e, de outro, dirigem-se inquestionavelmente no sentido de beneficiar a empresa industrial motora da nova expansão. Seu sentido político mais profundo é o de mudar definitivamente a estrutura do poder, passando as novas classes burguesas empresário-industriais à posição de hegemonia. No entanto, o processo se dá sob condições externas geralmente adversas – mesmo quando os preços de exportação estão em alta – e, portanto, um dos seus requisitos estruturais é o de manter as condições de reprodução das atividades agrícolas, não excluindo, portanto, totalmente, as classes proprietárias rurais nem da estrutura do poder nem dos ganhos da expansão do sistema. Como contrapartida, a legislação trabalhista não afetará as relações de produção agrária, preservando um modo de "acumulação primitiva" extremamente adequado para a expansão global.

Esse "pacto estrutural" preservará modos de acumulação distintos entre os setores da economia, mas de nenhum modo antagônicos, como pensa o modelo cepalino. Nesta base é que continuará a crescer a população rural ainda que tenha participação declinante no conjunto da população total, e por essa "preservação" é que as formas nitidamente capitalistas de produção não penetram totalmente na área rural, mas, bem ao contrário, contribuem para a reprodução tipicamente não capitalista. Assim, dá-se uma primeira "especificidade particular" do modelo brasileiro, pois, ao contrário do "clássico", sua progressão não requer a destruição completa do antigo modo de acumulação. Uma segunda "especificidade particular" é a que se reflete na estruturação da economia industrial-urbana, particularmente nas proporções da participação do Secundário e do Terciário na estrutura do emprego, a questão já discutida da incapacidade ou não de o Secundário criar empregos para a absorção da nova força de trabalho e a consequente "inchação" ou adequação do tamanho do Terciário. Em primeiro lugar, conforme já se demonstrou, as variações do incremento do emprego no Secundário são, em boa medida, conjunturais; em segundo lugar, as maiores taxas de incremento do emprego nos serviços de Consumo

Pessoal – a "inchação" – se dá exatamente quando o incremento do emprego no Secundário se acelera. Pretende-se haver demonstrado que o crescimento dos dois setores, nas formas em que se deu no período pós-anos 1930, revela condicionamentos estruturais da expansão do capitalismo no Brasil. Pretende-se aduzir algo em torno da "especificidade particular" em relação ao modelo "clássico".

Convém recuar um pouco na história brasileira para apanhar um elemento estrutural do modo de produção: o escravismo. Sem pretender refazer toda a interpretação, é possível reconhecer que o escravismo constituía-se em óbice à industrialização na medida em que o custo de reprodução do escravo era um custo interno da produção; a industrialização significará, desde então, a tentativa de "expulsar" o custo de reprodução do escravo do custo de produção. Em outras palavras, ao contrário do modelo "clássico", que necessitava absorver sua "periferia" de relações de produção, o esquema num país como o Brasil necessitava criar sua "periferia"; neste ponto, o tipo de inserção da economia do país no conjunto da divisão internacional do trabalho do mundo capitalista é decisivo e, portanto, faz-se justiça a todas as interpretações – particularmente as de Celso Furtado – que destacaram esse ponto. O longo período dessa "expulsão" e dessa "criação", desde a Abolição da Escravatura até os anos 1930, decorre do fato de que essa inserção favorecia a manutenção dos padrões "escravocratas" de relações de produção; será somente uma crise no nível das forças produtivas que obrigará à mudança do padrão.

As instituições do período pós-anos 1930, entre as quais a legislação do trabalho destaca-se como peça-chave, destinam-se a "expulsar" o custo de reprodução da força de trabalho de *dentro das empresas industriais* (recorde-se todo o padrão da industrialização anterior, quando as empresas tinham suas próprias vilas operárias: o caso de cidades como Paulista, em Pernambuco, dependentes por inteiro da fábrica de tecidos) para fora: o salário mínimo será a obrigação máxima da empresa, que dedicará toda a sua potencialidade de acumulação às tarefas do crescimento da produção propriamente dita. Por outro lado, a industrialização, em sendo tardia, se dá num momento em que a acumulação é potencializada pelo fato de se dispor, no nível do sistema mundial como um todo, de uma imensa reserva de "trabalho morto" que, sob a forma de tecnologia, é transferida aos países que iniciaram o processo de industrialização recentemente. Assim, na verdade, o processo de reprodução do capital "queima" várias etapas, entre as quais a mais importante é não precisar esperar que o preço da força de trabalho se torne suficientemente alto para induzir as transformações tecnológicas que economizam trabalho. Esse fator, somado às leis trabalhistas, multiplica a produtividade das inversões; por essa forma, o problema não é que o crescimento industrial não crie empregos – questão até certo ponto conjuntural –, mas que, ao acelerar-se, ele pôs em movimento uma espiral que distanciou de modo irrecuperável os rendimentos do capital em relação aos de trabalho. Seria necessário, para que o preço da força de trabalho crescesse de forma a diminuir a brecha entre os dois tipos de rendimento, uma demanda de força de trabalho várias vezes superior ao crescimento da oferta. Por outro lado, se é verdade que a compra de equipamentos, *v. g.*, de tecnologia acumulada, "queima" etapas da acumulação, ela também reduz o circuito de realização interna do capital, o que tem, entre outras, a consequência de tornar o efeito multiplicador real da inversão mais *baixo que o efeito potencial* que seria gerado no caso de uma realização interna total do capital. É óbvio que um dos multiplicadores afetados, nesse caso, é o do emprego direto e indireto. A razão histórica da industrialização tardia converte-se numa razão estrutural, dando ao setor Secundário e à indústria participações desequilibradas no Produto e na estrutura do emprego.

No que se refere às dimensões do Terciário, é possível reconhecer também razões históricas e outras estruturais, que explicariam uma "especificidade particular" da expansão capitalista no Brasil. Historicamente, uma industrialização tardia tende a requerer, por oposição, uma divisão social do trabalho tanto mais diferenciada quanto maior for a contemporaneidade das indústrias, isto é, quanto mais avançada for a tecnologia incorporada. Assim, todos os tipos de serviços contemporâneos da indústria – no nível em que ela se encontra nos países capitalistas maduros – passam a ser exigidos; essa exigência choca-se contra a exiguidade inicial – uma razão estrutural – dos fundos disponíveis para acumulação, que devem ser rateados entre a indústria propriamente dita e os serviços. A solução é encontrada fazendo os serviços crescerem horizontalmente, sem quase nenhuma capitalização, à base de concurso quase único da força de trabalho e do talento organizatório de milhares de pseudopequenos proprietários, que na verdade não estão mais que vendendo sua força de trabalho às unidades principais do sistema, mediadas por uma falsa propriedade que consiste numa operação de *pôr fora* dos custos internos de produção fabris a parcela correspondente aos serviços. É possível encontrar, ao nível da prática das instituições que modelaram o processo de acumulação no Brasil, transformadas em critérios de prioridades, as razões enunciadas: não existe, em toda a legislação promocional do desenvolvimento, nem nos critérios de atuação dos diversos organismos governamentais, nenhuma disposição que contemple *prioritariamente* a concessão de créditos, a isenção para importação de equipamentos, a concessão de incentivos fiscais, as disposições de natureza tarifária, destinadas a elevar a capitalização dos serviços (com a única exceção da Embratur, há pouco tempo criada); não apenas a política econômica geral de um largo período, como as disposições concretas com que atuam os diversos organismos públicos, sempre consideraram que os serviços podem ser atendidos em níveis de capitalização bastante inferiores à indústria para o que a *oferta abundante de mão de obra constituía* não somente garantia mas motivação; isto é, os serviços *não apenas podiam como deviam* ser implantados apoiando-se na oferta de força de trabalho barata.

Por sua vez, o complexo de relações que moldou a expansão industrial, estabelecendo desde o início um fosso abismal na distribuição dos ganhos de produtividade entre lucros e salários, pôs em movimento um outro acelerador do crescimento dos serviços, tanto de produção como os de consumo pessoal. Criou-se, para atender às demandas nascidas na própria expansão industrial, vista do lado das populações engajadas nela, isto é, urbanizadas, uma vasta gama de serviços espalhados pelas cidades, destinados ao abastecimento das populações dispersas: pequenas mercearias, bazares, lojas, oficinas de reparos e ateliês de serviços pessoais. Esses são setores que funcionam como satélites das populações nucleadas nos subúrbios e, portanto, atendem a populações de baixo poder aquisitivo: por esta forma, os baixos salários dessas populações determinam o nível de ganho desses pseudopequenos proprietários (o que pareceria uma operação de criação de "bolsões de subsistência" no nível das populações de baixo poder aquisitivo); na verdade, o baixo nível desses ganhos representa custos de comercialização dos produtos industrializados e de produtos agropecuários que são postos *fora* dos custos internos de produção e reforçam a acumulação nas unidades centrais do sistema.

É possível perceber que o elemento estratégico para definir o conjunto das relações na economia como um todo passou a ser o tipo de relações de produção estabelecido entre o capital e o trabalho na indústria. Mas, longe do modelo "clássico", em que esse elemento estratégico tende a "exportar-se" para o restante da economia, no caso brasileiro – e é possível reconhecê-lo em outros países – a implantação das novas relações de produção no setor estratégico da economia tende, por razões em primeiro lugar históricas, que se transformam em razões estruturais, a perpetuar as relações não capitalistas na agricultura e a criar um padrão não capitalístico de reprodução e apropriação do excedente num setor como o dos serviços. A "especificidade particular" de um tal modelo consistiria em reproduzir e criar uma larga "periferia" onde predominam padrões não capitalísticos de relações de produção, como forma e meio de sustentação e alimentação do crescimento dos setores estratégicos nitidamente capitalistas, que são a longo prazo a garantia das estruturas de dominação e reprodução do sistema.

IV

A ACELERAÇÃO DO PLANO DE METAS: AS PRÉ-CONDIÇÕES DA CRISE DE 1964[1]

Perante o quadro descrito, o período Kubitschek forçará a aceleração da acumulação capitalística, com seu programa de avançar "cinquenta anos em cinco". Do lado da definitiva conversão do setor industrial e das suas empresas em unidades-chave do sistema, a implantação dos ramos automobilístico, construção naval, mecânica pesada, cimento, papel e celulose, ao lado da triplicação da capacidade da siderurgia, orientam a estratégia; por seu lado, o Estado, cumprindo o papel e atuando na forma já descrita, lançar-se-á num vasto programa de

---

[1] Pareceria uma questão até certo ponto secundária e bizantina a de precisar, no tempo, a inflexão que tomou a economia brasileira, cujas características mais salientes se cristalizam a partir dos anos 1967/1968. De um lado, poderia parecer que se quer atribuir as "*bondades*" do modelo aos pré-1964, roubando aos atuais detentores de poder a "glória" de haver alcançado tão notáveis "performances" na taxa de crescimento global da economia; de outro lado, poderia também parecer que se quer atribuir aos pós-1964 – especialmente ao movimento militar – os evidentes defeitos da estrutura e da vida política da nação, assim como as tendências concentracionistas de renda e do poder econômico que seriam o lado negativo das excepcionais taxas de crescimento logradas. Uma tal colocação antitética pecaria por demasiado maniqueísmo e cairia num diálogo de surdos, contestatório ou apologético, do qual não se saca nada.

construção e melhoramento da infraestrutura de rodovias, produção de energia elétrica, armazenagem e silos, portos, ao lado de viabilizar o avanço da fronteira agrícola "externa", com obras como Brasília e a rodovia Belém-Brasília. O Estado opera através de uma estrutura fiscal primitiva e extremamente regressiva, com o que fatalmente incorrerá em déficits crescentes, numa curiosa forma de aumentar até o limite sua dívida interna sem mutuários credores. Por outro lado, a conjuntura internacional é pouco propícia: numa etapa em que o capitalismo se está redefinindo, num sentido policentrista, com o auge do Mercado Comum Europeu, sua estratégia política continuará metida na "camisa de força" das concepções maniqueístas de Foster Dulles. Dessa forma, a aceleração que se tentará movimentar-se-á em assincronia com a estratégia política dos *países centrais*, do que resultará quase nenhum financiamento de governo a governo. Nessas circunstâncias,

---

Por essas razões, a questão tem importância excepcional. Em primeiro lugar, uma reflexão elementar obriga a reconhecer que um novo modelo econômico não se gesta em três anos – 1964/1966 – ainda quando esses anos tenham sido caracterizados por uma avalanche de modificações institucionais – leis, decretos etc.; por outro lado, outra reflexão elementar obriga a reconhecer que nenhuma modificação institucional fundamental ter-se-ia sustentado *se não* tivesse bases na estrutura produtiva; no seio desta é que deveriam estar atuando as contradições sobre as quais os contendores de 1964 se apoiariam, para desenvolvê-las do ponto de vista dos interesses de classe que cada um representava.

Assim, a explicação que os cientistas políticos tentam dar acerca do caráter do movimento de 1964 e de seus desdobramentos posteriores sempre será apenas *dedutiva a partir dos resultados e da situação atual*, mas nunca poderá responder até que ponto ela estava predeterminada – dentro de limites mais ou menos amplos – se não se reportarem às modificações na estrutura da economia que se operavam desde anos pretéritos. Por isso, inclusive a correta colocação do papel dos militares se vê sempre prejudicada: estes parecem atuar autonomamente, surgem como um *deus ex machina* e as prospecções sobre seu papel são apenas uma grande interrogação. Do mesmo modo, Maria da Conceição Tavares e José Serra apresentam um quadro de modificações profundas na economia, no qual a tendência à concentração da renda e o dinamismo dos anos recentes parecem ter surgido pós-1964 por decretos, leis e modificações institucionais de maior ou menor monta. O trânsito de uma situação a outra, que é talvez o mais importante, fica, assim, relegado e destituído de qualquer significação.

recorre-se ao endividamento externo privado, de prazos curtos, o que acarretará pressões sobre a balança de pagamentos, numa etapa em que a elasticidade das exportações perante o crescimento do produto é relativamente nula.

A aceleração do período Kubitschek não pode ser menos que exagerada, e suas repercussões pronto se materializariam. O coeficiente de inversão – a relação entre a formação de capital e o produto bruto – se eleva de um índice 100 no quinquênio anterior para um índice 122[2], isto é, em cinco anos, a média anual do coeficiente, comparada com a média anual do quinquênio precedente *cresce quase* ¼, o que é um esforço digno de nota para qualquer economia. Nas condições descritas no parágrafo anterior, como compatibilizar esse esforço, como financiá-lo, nos quadros limitados da acumulação de base capitalística nacional?[3]

A solução correrá por duas vertentes: de um lado, a associação com o capital estrangeiro, não tanto por sua contribuição quantitativa – a poupança externa nunca passou de uns 5% da poupança total –, mas sobretudo pelo fornecimento de tecnologia, isto é, pela *acumulação prévia* que podia rapidamente ser incorporada. O Estado não entrou no mercado da tecnologia, comprando *know how* do exterior para repassá-lo às empresas nacionais; concretamente, no caso brasileiro, os "cinquenta anos em cinco" não poderiam ser logrados sem o recurso ao capital estrangeiro[4] – de novo aqui as comparações com o Japão não

---

2 Ver *Conjuntura Econômica*, "Contas nacionais do Brasil – Atualização", vol. 25, n. 9, 1971. Quadros 1 e 5.

3 Essa base capitalística limitada não é contraditória com a tese exposta em capítulo anterior, do potencial de acumulação que tem a economia brasileira. Esse potencial de acumulação, conforme o modelo, pode financiar certas frações importantes da acumulação, mediante transferência de excedente, mas não pode operar sua *transformação direta em capital*, em tecnologia.

4 O empresariado nacional nunca contemplou essa possibilidade de comprar tecnologia ao Estado, como intermediário entre ele e o capital estrangeiro. Entre qualquer associação com o Estado e com o capital estrangeiro, a segunda possibilidade era sempre a preferida. Ver Fernando Henrique Cardoso, *Empresário industrial e desenvolvimento econômico*, São Paulo, Difusão Europeia do Livro, 1964.

levam em conta a profunda diferença entre a classe empresarial japonesa e a brasileira, nem as diferenças quantitativas subjacentes entre os dois processos de industrialização, o do Japão com pelo menos setenta anos de acumulação nitidamente capitalista – simplesmente pelo fato de que para as indústrias-chave do processo o país não dispunha da acumulação prévia necessária, isto é, não produzia os bens de capital (incluindo-se processos industriais) que tais indústrias requeriam. Pode-se perguntar também *por que* a aceleração tinha que ter por base o elenco de indústrias escolhidas e não outras; se não se quiser cair numa "metafísica dos bens", deve-se reconhecer que há uma estreita correlação entre a demanda (determinada pela estrutura da distribuição da renda) e o tipo de bens fabricados, sem contar que as "necessidades" básicas de consumo das faixas mais privilegiadas da população (alimentação, vestuário, habitação) já estavam satisfeitas; além daí, qualquer postulação de alternativas de consumo ou de aumento da propensão para poupar não é mais que um puritanismo puramente adjetivo que nada tem a ver com estrutura de classe e apropriação do excedente típicos da situação brasileira.

Neste ponto, uma reflexão deve ser feita sobre o papel do capital estrangeiro no Brasil e sobre as relações entre um capitalismo que se desenvolve aqui com o capitalismo internacional. Não há dúvida que a expansão do capitalismo no Brasil é impensável autonomamente, isto é, não haveria capitalismo aqui se não existisse um sistema capitalista mundial. Não há dúvida, também, que em muitas etapas, principalmente na sua fase agrário-exportadora, que é a mais longa de nossa história econômica, a expansão capitalista no Brasil foi um produto da expansão do capitalismo em escala internacional, sendo o crescimento da economia brasileira mero reflexo desta. Mas o enfoque que se privilegia aqui é o de que, nas transformações que ocorrem desde os anos 1930, a expansão capitalista no Brasil foi muito mais o resultado concreto do tipo e do estilo da luta de classes interna que um mero reflexo das condições imperantes no capitalismo mundial. Em outras palavras, com a crise dos anos 1930, o vácuo produzido tanto poderia ser preenchido com estagnação – como ocorreu em muitos países da América Latina e de outros continentes de capitalismo periférico – como com crescimento; este, que se deu no Brasil, pode se concretizar porque do ponto de vista das relações fundamentais entre os atores básicos do processo existiam *condições estruturais*, intrínsecas, que poderiam alimentar tanto a acumulação como a formação do mercado interno. É claro que estavam à disposição no mercado mundial as técnicas e os bens de capital necessários para que se desse, internamente, o salto em direção à industrialização. Mas o que se quer frisar é que os atores atuaram deliberadamente em busca de ampliação e consolidação de estruturas de dominação capazes de propiciar crescimento. É impossível trabalhar com uma variante de "Deus é brasileiro", "Mão da Providência" de corte smithiano, mediante a qual se reconheceria que o processo de crescimento capitalista no Brasil é o resultado inintencional de ações desconexas, uma racionalidade *ex post* do irracional. Um pouco de história econômica ajudará a reconhecer que a estrutura central, a espinha dorsal dos atos de política econômica que levaram à industrialização, foi pensada para ter como resultado exatamente a industrialização que se logrou; pouco importa, para tanto, reconhecer que o Plano de Metas do Governo Kubitschek estava muito longe de qualquer tipo de planejamento acabado: o importante é reconhecer que os meios e os fins objetivados não apenas eram coerentes entre si, como foram logrados. Prioridade para as indústrias automobilísticas, de construção naval, para a siderurgia, a reforma da legislação tarifária, a concessão de câmbio de custo para importações de equipamentos, não podem ser entendidas como acaso, nem como medidas tópicas para equilibrar o balanço de pagamentos, que tiveram por resultado a aceleração da industrialização. Ao contrário, elas foram concebidas exatamente para isso.

O importante para a tese que aqui se esposa é que tais medidas foram concebidas *internamente* pelas classes dirigentes como medidas destinadas a ampliar e expandir a hegemonia destas na economia brasileira; para tanto, o processo de reprodução do capital que viabilizava aqueles desideratos exigia uma aceleração da acumulação que concretamente tomava as formas do elenco de indústrias prioritárias. Vale a pena enfatizar, ainda, que a conjuntura internacional era inteiramente desfavorável às medidas internas. Tomando-se, por exemplo, os países ou as empresas internacionais que concorreram à execução do Plano de Metas, verifica-se que a *participação inicial* de empresas do país capitalista hegemônico – os Estados Unidos – era irrisória: elas não estiveram presentes na indústria de construção naval, que se montou com capitais japoneses, holandeses e brasileiros, na indústria siderúrgica, que se montou basicamente com capitais nacionais estatais (BNDE) e japoneses (Usiminas), nem sequer tinham participação relevante na própria indústria automobilística que se montou com capitais alemães (Volkswagen), franceses (Simca) e nacionais (DKW, Mercedes-Benz); as empresas norte-americanas que já estavam aqui desde há muito tempo, como a General Motors e a Ford, não se interessaram pela produção de automóveis de passeio senão depois de 1964, e a empresa americana que veio para o Brasil, a Willys-Overland, era não somente uma empresa marginal na produção automobilística dos Estados Unidos, como basicamente montou-se com capital nacional, público (do BNDE) e privado (através do lançamento de ações ao público e associação com grupos nacionais como o Monteiro Aranha). A posição do capitalismo internacional, principalmente a do capitalismo do país hegemônico, era, muito ao contrário, amarrada à antiga divisão internacional do trabalho, em que o Brasil comparecia como produtor de bens primários de exportação. Assim, é difícil reconhecer uma estratégia do capitalismo internacional em relação à aceleração da industrialização brasileira; foi nas brechas do policentrismo, com a reemergência dos países do Mercado Comum Europeu e a do Japão, que a estratégia nacional encontrou viabilidade.

O recorrer ao concurso do capital estrangeiro acrescentará novas forças ao processo de acumulação, ao mesmo tempo que coloca, no longo prazo, novos problemas para a continuidade da expansão. Em primeiro lugar, incorporando-se rapidamente uma tecnologia mais avançada, a produtividade dará enormes saltos, ainda mais se essa incorporação se dá em condições das relações de produção que *potencialmente* já eram, *de per si*, concentradoras: sobre um mercado de trabalho marcado pelo custo irrisório da força de trabalho, os ganhos de produtividade logrados com a nova tecnologia vão acelerar ainda mais o processo de concentração da renda. A acumulação dá, aí, um salto de qualidade: a mera transferência de tecnologia, isto é, *trabalho morto externo*, potencializa enormemente a reprodução do capital. Sem essa incorporação, não se podia pensar no crescimento da economia nos anos posteriores. Nesse sentido, ela era absolutamente indispensável ao processo de reprodução do capital, pois a pobre base de acumulação nitidamente capitalística da economia brasileira não poderia realizar essa tarefa; pode-se pensar que, assim como o Estado atuou deliberadamente no sentido de privilegiar o capital, poderia ter atuado transferindo tecnologia para as empresas de capital nacional. Tal não ocorreu, mas uma explicação meramente *ex post* não é suficiente para esgotar o assunto. É preciso pensar que a figura de um Estado onipresente nunca foi pensada, nem era da perspectiva ideológica do empresariado industrial nacional. Não se encontra nos atos de política econômica de todo o período pós-anos 1930 nenhuma disposição tendente a propiciar a transferência de tecnologia para empresas nacionais que tivessem a intermediação do Estado. Inclusive as políticas científica e tecnológica de instituições como as universidades eram completamente desligadas da problemática mais imediata da acumulação de capital.

Como se coloca, então, o problema do grau de nacionalidade ou de controle da nova estrutura de produção? É inegável que se o capital estrangeiro entrou sobretudo nos ramos chamados "dinâmicos" e se esses ramos são os motores da expansão, o capital estrangeiro de certo modo "controla" o processo dessa expansão; por oposição, o capital nacional "controla" menos a economia brasileira que há vinte anos. Assim, o grau de controle corresponde, em linhas gerais, à possibilidade que tanto um como outro capital têm de inovar a reprodução; sem embargo, está-se muito longe do que se poderia caracterizar como "desnacionalização do processo de tomada das decisões": no fundo, as decisões são tomadas tendo em vista, em primeiro lugar, o processo interno de reprodução do capital, e as políticas das empresas tentam extrair dessa diretriz básica a compatibilidade com seus respectivos processos de reprodução do capital no nível dos seus conjuntos supranacionais. Até mesmo porque, com o dinamismo logrado, qualquer política de empresa que não se compatibilize com a diretriz mais geral pode significar perda de mercado ou de participação nas decisões cruciais sobre o crescimento da economia.

A outra vertente pela qual correrá o esforço de acumulação é a do *aumento da taxa de exploração da força de trabalho*, que fornecerá os excedentes internos para a acumulação. *A intensa mobilidade social do período obscurece a significação desse fato, pois comumente tem sido identificada com melhoria das condições de vida das massas trabalhadoras, que, ao fazerem-se urbanas comparativamente à sua extração rural, estariam melhorando.* Não há dúvida que o resultado dessa comparação é correto, mas ela não diz nada no que respeita às relações salário real-custo de reprodução *urbano* da força de trabalho, que é a comparação pertinente para a compreensão do processo, tampouco às relações salário real-produtividade, parâmetro este que no período começa a crescer, em termos reais: o diferencial entre salário real e produtividade constitui parte do financiamento da acumulação.

Encontra alguma sustentação empírica o crescente diferencial entre salário real e produtividade? O comportamento do salário mínimo real na Guanabara e em São Paulo, os dois maiores centros industriais do país, experimentou uma evolução que se expressa no Quadro I.

É fácil a constatação, em primeiro lugar, de que 25 anos de intenso crescimento industrial não foram capazes de elevar a remuneração real dos trabalhadores urbanos (pois dos dados sob análise excluem-se os trabalhadores rurais, os funcionários públicos e os autônomos), sendo que no Estado mais industrializado o nível do salário mínimo real em 1968 era ainda mais baixo que em 1964! Além disso, podem-se perceber claramente três fases no comportamento do salário mínimo real: a primeira, entre os anos 1944 e 1951, *reduz pela metade* o poder aquisitivo do salário; a segunda, entre os anos 1952 e 1957, mostra recuperações e declínios alternando-se na medida do poder político dos trabalhadores: é a fase do segundo Governo Vargas, que se prolonga até o primeiro ano do Governo Kubitschek; a terceira, iniciando-se no ano 1958, é marcada pela deterioração do salário mínimo real, numa tendência que se agrava pós-anos 1964, com apenas um ano de reação, em 1961, que coincide com o início do Governo Goulart.

Quadro I
SALÁRIO MÍNIMO REAL – GUANABARA E SÃO PAULO

ANO	ÍNDICES (base – 1944 = 100)		VARIAÇÃO ANUAL	
	Guanabara	**São Paulo**	**Guanabara**	**São Paulo**
1944	100,0	100,0		
1945	84,2	80,3	-15,8	-19,7
1946	74,1	70,9	-12,0	-11,7
1947	60,7	53,8	-18,1	-24,1
1948	58,0	49,6	-4,4	-17,8
1949	55,4	50,4	-4,5	+1,6
1950	50,9	47,9	-8,1	-5,0
1951	53,6	53,0	+5,3	+10,6
1952	122,3	124,8	+128,2	+135,5
1953	107,1	101,7	-12,4	-18,5
1954	144,6	138,3	+35,0	+36,0
1955	142,9	139,3	-1,2	+0,7
1956	150,9	147,0	+5,6	+5,5
1957	159,8	153,8	+5,9	+4,6
1958	140,2	133,3	-12,3	-13,3
1959	106,3	101,7	-14,2	-23,7
1960	140,2	130,8	+13,2	+28,6
1961	161,6	146,2	+15,3	+11,8
1962	137,5	123,9	-15,0	-15,0
1963	128,6	114,5	-6,5	-7,6
1964	124,9	116,3	-2,1	+1,6
1965	119,6	112,8	-5,0	-3,0
1966	107,1	97,4	-10,7	-13,7
1967	104,5	95,7	-2,4	-1,7
1968	103,6	94,0	-0,9	-1,8

Tomado de: Alberto Mello e Souza, "Efeitos econômicos do salário mínimo", in *Apec – A economia brasileira e suas perspectivas*, Estudos APEC, APEC Editora, Rio de Janeiro, julho de 1971.
Fonte dos dados originais: *Anuário Estatístico do Brasil* e *Conjuntura Econômica.*

No quadro, é interessante verificar que os índices do Estado de São Paulo estão sempre abaixo dos correspondentes à Guanabara. Difícil é não se tirar a conclusão de que a característica geral do período é *a de aumento da taxa de exploração do trabalho*, a qual foi contra-arrestada *apenas* quando o poder político dos trabalhadores pesou decisivamente. Em outras palavras, seria ingênuo pensar, como o fazem os adeptos da "teoria do bolo", que os trabalhadores devem primeiro esperar que o "bolo" cresça para reivindicar melhor fatia: nos 25 anos decorridos o "bolo", isto é, o produto bruto, cresceu sempre, interrompido apenas pela recessão 1962-1966, enquanto a fatia dos trabalhadores decrescia.

Poder-se-ia argumentar que a parcela dos trabalhadores incluídos no salário mínimo é insignificante em relação à força de trabalho total, o que significaria dizer que a evolução demonstrada não é representativa da situação da classe trabalhadora urbana. A mesma fonte[5] ajudará a desfazer essa outra ilusão: até 1967, 33% do total de empregados urbanos registrados no Brasil estavam incluídos na faixa de remuneração de 1 salário mínimo, entre trabalhadores na indústria, no comércio e nos serviços; essa porcentagem variava de um mínimo de 8% para o Rio Grande do Sul, passando por São Paulo com 30,6%, até Minas Gerais com o máximo de 50%. Mais grave, no entanto, para os que pensam que a indústria remunera melhor sua força de trabalho é que, para o Brasil como um todo, 67,5% dos que recebiam salário mínimo eram trabalhadores industriais, sendo que em São Paulo essa porcentagem se elevava para 71%, atingindo seu máximo no Rio Grande do Sul, onde 82% dos trabalhadores industriais recebiam salário mínimo, estando a Guanabara abaixo da média nacional, com 53%. Avançando na abertura dos olhos dos "otimistas", pode-se prosseguir demonstrando que, se se consideram as faixas que incluem trabalhadores até 2 salários mínimos, a situação seria a seguinte: em 1967, 75% dos trabalhadores urbanos registrados no Brasil recebiam remuneração dentro dessa faixa, sendo a porcentagem máxima em Pernambuco com 79% e a mínima na Guanabara com 70,5%; São Paulo tinha 71% dos trabalhadores

[5] Alberto Mello e Souza, op. cit., Quadros I e II.

urbanos registrados percebendo até 2 salários mínimos. Assim, o leque da remuneração dos trabalhadores urbanos não é um leque, mas um pobre galho com apenas dois ramos. Isto quer dizer, conforme já se enfatizou em item anterior deste trabalho, que o papel da institucionalização do salário mínimo reveste um significado importantíssimo para a acumulação do setor urbano-industrial da economia: ela evita, precisamente ao contrário do que supõem alguns, o aparecimento no mercado de trabalho da *escassez específica* que tenderia a elevar o salário de algumas categorias, pela adoção de uma regra geral de *excesso global*. Em outras palavras, a fixação dos demais salários, acima do mínimo, se faz sempre tomando este como o ponto de referência e nunca tomando a produtividade de cada ramo industrial ou de cada setor como o parâmetro que, contraposto à escassez específica, servisse para determinar o preço da força de trabalho. A institucionalização do salário mínimo faz concreta, no nível de cada empresa, a mediação global que ele desempenha no nível da economia como um todo: nenhuma empresa necessita determinar o preço de oferta da força de trabalho específica do seu ramo, pois tal preço é determinado para o conjunto do sistema.

A implantação dos novos ramos industriais, os chamados ramos "dinâmicos", não altera em muito esse quadro. Uma pesquisa efetuada no município de São Caetano do Sul[6], que faz parte da área metropolitana de São Paulo, revelou, à base de dados do Senai para 1968, que, embora os ramos "dinâmicos" da classificação do Senai sejam os que mais empregam mão de obra qualificada (artífices, mestres, técnicos e engenheiros) numa proporção de 32% do número de empregados, a porcentagem dos não qualificados (trabalhadores braçais) e adestrados (semiqualificados) é de 50% sobre o mesmo total; tomando-se apenas o nível "braçal" (não qualificados), os ramos "dinâmicos" não diferem muito dos chamados "intermediários" e "tradicionais": aqueles tinham 11% de sua força de trabalho como "braçais", enquanto os seguintes tinham 15% e 13%, respectivamente. Isso significaria dizer que as indústrias

---

[6] Ver GPI, *Estudo preliminar para o planejamento integrado do município de São Caetano do Sul*, 1968, Quadro 20.

"dinâmicas" não podendo, até certo ponto, quebrar a "função técnica de produção", para tanto necessitando de pessoal qualificado, utilizam, logo após satisfazer aquele requisito, abundantemente, mão de obra semi e não qualificada, em proporções semelhantes às indústrias consideradas tradicionais, servindo-se, assim, do imenso "exército industrial de reserva" para os fins da acumulação. Compatibilizam, dessa forma, os requisitos da "função técnica de produção", relativamente rígida, com a oferta de fatores na economia e realizam, assim, uma *performance* do ponto de vista da acumulação mais satisfatória que as "tradicionais". O emprego de menores de idade constitui outra forma da "compatibilização" aludida: a mesma pesquisa em São Caetano revelou que as indústrias "dinâmicas" empregavam 5,5% de menores em seu total de empregados, enquanto as "intermediárias" e as "tradicionais" o faziam em porcentagens correspondentes a 10,8% e 7,8%, respectivamente. Uma pesquisa do Dieese, realizada em 1971, constatava que no ramo químico do Estado de São Paulo, "moderno" e "dinâmico" portanto, o grupo de trabalhadores menores de 16 anos constituía 3,5% do total de trabalhadores químicos, porcentagem que se eleva a 15,9% se se somam a esses os trabalhadores entre 16 e 20 anos.

Sendo essa a situação do ponto de vista do crescimento dos salários reais da classe trabalhadora, é importante contrapor a evolução da produtividade no setor industrial da economia, com o fim de verificar se a hipótese da conjugação da aceleração dos anos 1950 com a intensificação da taxa de exploração do trabalho tem algo que ver com as pré-condições da crise de 1964. Os dados disponíveis, em primeiro lugar, para o país como um todo, revelam que o índice do produto real da indústria, isto é, o índice que mostra o crescimento em termos reais, deflacionados, com uma base de 1949=100, teve o seguinte comportamento:

Ano	Índice	Variação s/ ano anterior	Ano	Índice	Variação s/ ano anterior
1947	81,5		1956	173,6	+6,9
1948	90,7	+11,3	1957	183,5	+5,7
1949	100,0	+10,0	1958	213,2	+16,2
1950	111,3	+11,3	1959	238,5	+11,9
1951	118,4	+6,4	1960	261,4	+9,6
1952	124,3	+5,0	1961	289,2	+10,6
1953	135,1	+8,7	1962	311,8	+8,0
1954	146,8	+8,7	1963	312,4	+0,2
1955	162,4	+10,6	1964	328,5	+5,2

Fonte: *Conjuntura Econômica,* vol. 25, n. 9, 1971. Quadro 11.

A não ser no ano 1963, quando a economia já entrava em crise, o crescimento do produto real do setor industrial superou sempre e largamente a taxa de absorção de mão de obra pela indústria e, comparado à evolução do salário mínimo real em São Paulo e Guanabara, constata-se perfeitamente um crescente diferencial entre as duas variáveis. Além disso, o crescimento do produto real se acelera precisamente no período Kubitschek, quando passa de um crescimento médio de 8,1% no quinquênio 1953/1957 para um crescimento médio de 11,2%, isto é, elevando-se cerca de 38% em relação ao período imediatamente anterior[7]. Já se constatou que o coeficiente de inversão no período também se elevou extraordinariamente, cerca de 22% em relação ao quinquênio imediatamente anterior. O crescimento do produto real da indústria foi, assim, mais que proporcional ao crescimento da inversão, sendo explicado o diferencial entre as duas variáveis exatamente pela maior

7 É interessante verificar, de passagem, que o período Kubitschek vai reeditar as taxas de crescimento do produto real da indústria do período 1947/1951, Governo Dutra, marcado este também por um aumento da taxa de exploração da força de trabalho – o salário mínimo real, relembre-se, em 1951 era praticamente a metade do de 1944, e entre 1947 e 1951 havia se reduzido em cerca de 12% – e movido também por um salto de qualidade na produtividade da indústria, que se reequipava no pós-guerra.

produtividade das novas inversões e pelo aumento da taxa de exploração da força de trabalho. A assimetria dos movimentos revela que o diferencial de produtividade sobre os salários constitui-se em fator importante na acumulação e, ainda mais, que a aceleração do crescimento industrial com a implantação dos chamados ramos "dinâmicos" fundou-se exatamente na profundização daquela assimetria. Em outras palavras, para enfatizar uma conclusão pré-esboçada, a aceleração da inversão a partir do período Kubitschek, fundada numa base capitalística interna pobre e nas condições internacionais descritas, requeria, para sua viabilização, um aumento na taxa de exploração da força de trabalho.

A aceleração mencionada afetará profundamente a relação salário real--custo de reprodução da força de trabalho urbana. No período de liquidação da economia pré-anos 1930 esse conflito ou a equivalência dessa relação foi assegurada, de um lado, pela contribuição que a agricultura "primitiva" dava ao abastecimento das cidades e, de outro, pela reprodução nos contextos urbanos de certas formas de "economia de subsistência", das quais a construção da casa própria constituía importante parcela daquele custo. Sem embargo, a relação começa a desequilibrar-se no sentido de um salário real que não chegava a cobrir o custo de reprodução, da força de trabalho, simplesmente pelo fato de que, não somente à medida que o tempo passa, mas à medida que a urbanização avança, à medida que as novas leis de mercado se impõem, o custo de reprodução da força de trabalho urbana passa a ter componentes cada vez mais urbanos: isto é, o custo de reprodução da força de trabalho também se mercantiliza e industrializa. Em termos concretos, o transporte, por exemplo, não pode ser resolvido pelo trabalhador senão pelos meios institucionalizados e mercantilizados que a sociedade oferece, a energia elétrica que ele e sua família utilizam também não comporta soluções "primitivas", a educação, a saúde, enfim, todos os componentes do custo de reprodução se institucionalizam, se industrializam, se transformam em mercadorias: o consumo de certos produtos também passa, necessariamente, pelo mercado, e ainda quando certa visão romântica do trabalhador ou do operário queira exigir destes a resistência ao consumismo, esta é uma ideologia *blasée*, que terminaria por produzir o monstro de uma cultura ou subcultura operária: nas condições concretas do sistema capitalista, para não falar em direitos, tanto as classes médias como as classes trabalhadoras têm "necessidade" de consumir e de utilizar os novos meios técnicos, culturais, para sua reprodução; a esse respeito, as diferenças existentes são diferenças de renda; se consumismo é o novo fetiche e a nova forma de alienação, pedir à classe operária que desmitifique o fetiche sem ela estar no poder é como pedir "peras ao olmo". Essa digressão serve para enfatizar a mudança que ocorria e não se refletia nos salários reais ou no preço da força de trabalho, a qual se sustentava nas duas vertentes já assinaladas. Na medida em que o custo de reprodução da força de trabalho urbana se desruralizava e, por oposição, se industrializava, o desequilíbrio começou a agravar-se.

Uma medida indireta do desequilíbrio assinalado é dada, por exemplo, pelas relações de preços entre os produtos agrícolas e os produtos industriais, com uma evolução desfavorável à agricultura[8]. Ora, o custo de reprodução da força de trabalho urbana tinha no custo dos produtos agrícolas um importante componente; elevando-se mais rapi-

[8] O quadro abaixo ilustra o fenômeno descrito:

ESTADO DE SÃO PAULO – RELAÇÕES ENTRE PREÇOS DOS PRODUTOS INDUSTRIAIS E PREÇOS DE ALGUNS PRODUTOS AGRÍCOLAS – 1959 e 1968

Produtos agrícolas	**Arroz**		**Feijão**		**Milho**	
Produtos industriais	**1959**	**1968**	**1959**	**1968**	**1959**	**1968**
Superfosfato de cálcio simples	0,33	0,43	0,15	0,36	0,66	1,08
Cloreto de potássio	0,67	0,56	0,30	0,47	1,32	1,42
Sulfato de amônio	0,59	0,56	0,26	0,47	1,16	1,42
Trator	30,45	42,98	13,54	36,39	60,00	109,48
Arado de 3 discos	3,11	3,99	1,38	3,38	6,13	10,16
Adubadeira	0,23	0,32	0,10	0,27	0,45	0,82
Grade de 28 discos	3,31	3,47	1,69	2,94	7,50	8,85
Pulverizador	0,31	0,44	0,14	0,37	0,61	1,11
Arado de 1 aiveca	0,23	0,22	0,10	0,18	0,45	0,55

Fontes: a) 1968: Centro de Estudos Agrícolas, IBRE/FGV. b) 1959: Agricultura em São Paulo – janeiro de 1960 e janeiro/fevereiro de 1966; Copercotia, Lista de Preços n. 22-30/IV/1959; e *Anuário Estatístico do Brasil*, IBGE, 1960. Tomado de: "Balanço de uma década", *Conjuntura Econômica*, vol. 24, n. 1, 1970, Rio de Janeiro, FGV, p. 12, Quadro XII.

damente que esses, os preços dos produtos industriais transmitiam-lhes inflação, o que provocava erosão no salário real e elevação do custo de reprodução da força de trabalho. Por outro lado, a própria elevação dos preços dos produtos industriais elevava o custo dos componentes industrializados que já faziam parte da "cesta" básica de consumo das classes trabalhadoras urbanas. Esse duplo movimento aumentava o custo de reprodução da força de trabalho urbana e ao mesmo tempo erodia os salários reais. Tem-se aí um aumento da taxa de exploração do trabalho, *sem necessidade de que esse aumento fosse ostensivamente dirigido no sentido de rebaixamento dos salários nominais*, objetivo que não se podia impor à coligação de forças políticas do período Kubitschek e dos períodos Jânio Quadros e João Goulart, que repousava exatamente na chamada aliança populista. Tomando-se os dados do Quadro 1, é possível verificar que, no período 1957/1962, a soma das variações anuais positivas no salário mínimo real da Guanabara e do Estado de São Paulo é sempre menor que a soma das variações anuais negativas, o que quer dizer que no período, longe de ter havido melhoria, houve de fato deterioração do salário real.

Um argumento que se poderia opor ao anterior é o comumente usado pelos monetaristas e pelos autores das políticas econômicas pós-1964, e esgrime o fato de que o Estado subsidiava os preços dos transportes, da energia, do combustível, do trigo, uma das características, segundo essa linha de argumentação, que comprovam o caráter paternalista e redistributivista dos regimes populistas. A fraqueza do argumento reside em que o subsídio não era dado diretamente ao consumidor, mas mediado pelo aparato produtivo, isto é, pelas empresas; tais subsídios não poderiam representar, pois, nenhuma carga para as empresas, nem ameaçavam a acumulação destas. Do lado das famílias, o subsídio era erosionado pela própria inflação que arrancava, por meio de uma estrutura tributária altamente regressiva, os recursos que o próprio Estado utilizava para subsidiar: difícil é, nessas condições, reconhecer um pai nos regimes populistas ou fácil será reconhecer um pai freudiano. De um lado, rendas fixas; de outro, rendas variáveis: qualquer economista sabe, nessas condições, a quem beneficia a inflação.

A crise que se gesta, pois, a partir do período Kubitschek, que se acelera nos anos 1961/1963 e que culmina em 1964, não é totalmente uma crise clássica de realização; ela tem mais de uma conotação. Para alguns ramos industriais dependentes da demanda das classes de renda mais baixa, há uma crise de realização, motivada mesmo pela deterioração dos salários reais das classes trabalhadoras urbanas, já assinalada: é o caso dos ramos têxteis, de vestuário, de calçados, de alimentação, que desde então acusam fraco crescimento, atribuído na maioria das análises convencionais ao caráter pouco dinâmico, "tradicional", de tais ramos, cujos produtos teriam baixas elasticidades-renda de demanda. De passagem, deve ser dito que esse tipo de análise confunde a "nuvem com Juno", pois na verdade o fraco crescimento de tais ramos deriva do caráter concentracionista do processo da expansão capitalista no Brasil e não do "caráter" dos ramos referidos. Já o consumo dos bens produzidos principalmente pelos novos ramos industriais, bens duráveis de consumo (automóveis, eletrodomésticos em geral), era assegurado pelo mesmo caráter concentracionista, que se gesta a partir da redefinição das relações trabalho-capital e pela criação, como requerimentos da matriz técnica-institucional da produção, das novas ocupações, típicas da classe média, que vão ser necessárias para a nova estrutura produtiva. Essas novas ocupações não são artificiais, nem constituem a "inchação" de *white collars* (colarinhos brancos) que corresponderia à "inchação dos marginais": ambas fazem parte de um *continuum* estrutural, que tem numa das pontas o Terciário de baixa produtividade e noutra o Terciário de alta produtividade. Além do mais, existe toda a gama de técnicos, engenheiros, analistas, executivos, empregados diretamente nas tarefas produtivas, que compõem o quadro das classes médias. Estas têm uma participação na renda total que em parte deriva da escassez específica desse tipo de mão de obra, o que lhes eleva os salários e, em parte, da sua própria posição na escala social global. O incremento mais rápido das rendas dessas novas classes médias é um fato anterior a 1964[9] e

[9] A pesquisa já referida sobre o município de São Caetano do Sul mostrou que, enquanto o salário real médio empregado na indústria do município, entre 1950 e

não decorre, simplesmente, de uma estratégia pós-1964, embora seja evidente que tenha se aprofundado desde então[10].

A crise que se gesta, repita-se, vai se dar no nível das relações de produção da base urbano-industrial, tendo como causa a assimetria da distribuição dos ganhos da produtividade e da expansão do sistema. Ela decorre da elevação à condição de *contradição política principal* da assimetria assinalada: serão as massas trabalhadoras urbanas *que denunciarão* o pacto populista, já que, sob ele, não somente não participavam dos ganhos como viam deteriorar-se o próprio nível da participação na renda nacional que já haviam alcançado. A *Pesquisa de padrão de vida da classe trabalhadora da cidade de São Paulo*, empreendida pelo Departamento Intersindical de Estatística e Estudos Socioeconômicos – Dieese – em 1969, chegou à conclusão de que, entre 1958 e 1969, houve uma redução no salário real do chefe de família trabalhadora-tipo de 39,3%, enquanto a renda total da família havia caído 10% no mesmo período; para lograr o precário equilíbrio de uma renda real 10% abaixo do nível de 1958, a família trabalhadora-tipo havia duplicado a força de trabalho empregada: de 1 membro ocupado em 1958 passou para 2 membros em 1969[11]. A mesma pesquisa constatou que o tempo de trabalho necessário para comprar a maior parte dos alimentos básicos havia sofrido os seguintes acréscimos entre 1965 e 1969:

1962, cresceu 23,5%, a mesma média para os funcionários administrativos e não operários havia crescido 75%. GPI, op. cit. São Caetano é mais que representativo do crescimento industrial dos novos ramos industriais.

[10] Como parece ser o pensamento de M. da C. Tavares e J. Serra, op. cit., "La politica del nuevo gobierno militar vino a crear las condiciones para uma reordenación del esquema distributivo 'conveniente' para el sistema, empezando por redistribuir el ingreso em favor de sectores de las capas medias urbanas y en contra de las clases populares asalariadas". *El Trimestre Económico*, n. 152, p. 945.

[11] Ver *Dieese em Resumo*, n. 3, ano IV, março de 1970. Informativo do Departamento Intersindical de Estatísticas e Estudos Socioeconômicos, São Paulo.

Quilos de alimentos	Minutos de trabalho	
	1965	1969
Pão	78	147
Arroz	75	107
Feijão	95	199
Macarrão	169	184
Batata	76	94
Carne	264	354
Sal	74	37
Açúcar	76	62
Leite (litro)	34	46

É interessante notar que pesquisa semelhante, realizada em 1958, com a qual se compara a de 1969, havia encontrado para aquele ano um salário médio de Cr$ 8,54 para o trabalhador paulista. Entretanto, o gasto médio de uma família trabalhadora – os universos são os mesmos na pesquisa – estava em Cr$ 10,15, isto é, o salário era insuficiente para cobrir o custo de reprodução da força de trabalho. A família realizava o equilíbrio através de expedientes e do aumento das horas trabalhadas. Perante esses dados, que são mais eloquentes porque dizem respeito à capital do Estado de São Paulo, é muito difícil não se aceitar a ocorrência de um aumento da taxa de exploração do trabalho. No que se refere aos gastos com alimentação, embora os dados sejam de 1969, posteriores, portanto, à crise de 1964, não constitui um artifício pensar que eles fazem parte de uma tendência que vem desde os anos anteriores: os dados sobre a relação custo de vida/salário mínimo real apontam nessa direção.

Do ponto de vista político, parece mais importante perguntar se o *nível de vida* ou o padrão de bem-estar das classes trabalhadoras se deteriorou em alguma medida ou na mesma medida que o salário real. Essa pergunta tem por base um certo suposto da teoria política de que o decisivo para a formação de uma consciência de classe é o nível de vida e não o salário, e um nível de vida que se compara favoravelmente ao das massas rurais. Algumas pesquisas, inclusive a já citada do mesmo Dieese, que constataram a existência, em inúmeros lares de trabalhadores, de eletrodomésticos tais como a geladeira, a televisão, a máquina de costura, o ferro de engomar etc., têm ajudado a questionar se houve, de fato, em termos de padrão de bem-estar, deterioração da situação do trabalhador urbano. Uma vez mais, repita-se, é provável que tanto a comparação dos padrões de vida urbanos com os padrões de vida rurais, como a existência de tais bens no ativo domiciliar das classes trabalhadoras, influam na consciência de classe (advirta-se, no entanto, que o paradigma dessa comparação é a consciência de classe típica do operariado europeu); sem embargo, é difícil não reconhecer que a diminuição de consumo de certos gêneros alimentícios ou o seu encarecimento – que é a mesma coisa – deteriorem o padrão de vida. Ocorrem situações em que o trabalhador renuncia ao consumo de certos gêneros alimentícios, em face de um salário que não cresce, para consumir os tipos de bens assinalados. Para isso, ele é forçado inclusive pelo fato de que assume compromissos de relativo longo prazo na compra dos bens duráveis – com o crediário – dos quais não pode se furtar, sob pena de ver-se desclassificado para o sistema de crédito e, no limite, ver ameaçado seu emprego. De outro lado, é preciso reconhecer que a família também é um agente que acumula; se não acumula bens de capital, com o sentido da reprodução, acumula ativos, e ao longo do tempo essa acumulação somente tende a crescer, mesmo em presença de salários reais constantes ou até decrescentes. Apenas na ocorrência de catástrofes, tais como enchentes, incêndios etc., é que ocorre *destruição* dos ativos. Nesse caso, não há como surpreender-se com o crescimento dos ativos em mãos das famílias trabalhadoras. Portanto, um certo tipo de consciência de classe, ainda que não certamente igual ao do paradigma europeu, pode formar-se, aglutinando o que antes estava fraturado, ainda quando o padrão de vida não esteja se deteriorando. Concretamente, no período assinalado, tem-se a compulsão de mercantilização do custo de reprodução da força de trabalho – e nessa compulsão a substituição de certos bens por outros indicava o sentido geral da mercantilização, da industrialização do custo de reprodução – com um estancamento e uma deterioração dos salários reais.

O ponto a que se quer chegar é que o fato de o conflito assinalado ter se elevado à condição de contradição política principal precipita a crise de 1964. Discorda-se, assim, radicalmente da interpretação de M. da C. Tavares e J. Serra*, de que a crise é motivada pela redução das expectativas de inversão e, mais ainda, de que esta não tinha condições de concretizar-se, ameaçada pela falta de financiamento e pelo incremento dos salários[12]. Nenhum dado aponta nessa direção, e permanecer dentro dela é cair num lamentável economicismo que confunde a realidade formal das variáveis da análise econômica com o substrato que elas descrevem. Tomar a redução do nível da inversão em 1963 comparado a 1962, tal como se vê nas contas nacionais, como indicação de que esta se havia esgotado, é apenas tomar um dado *ex post* : é evidente que, nas condições descritas, quando as classes trabalhadoras tomam a iniciativa política, tem início um período de agitação social. A luta reivindicatória unifica as classes trabalhadoras, ampliando-as: aos operários e outros empregados, somam-se os funcionários públicos e os trabalhadores rurais de áreas agrícolas críticas. Tal situação alinha em polos opostos, pela primeira vez desde muito tempo, os contendores até então mesclados num pacto de classes. A luta que se desencadeia e que passa ao primeiro plano político se dá no coração das relações de produção. Pensar que, nessas condições, poder-se-iam manter os

---

* Op. cit.

12 No que os autores coincidem com o sr. Roberto Campos. "A disciplina salarial do Brasil parecia socialmente cruel, mas era o preço a pagar para restaurar a capacidade de investimentos tanto no setor público como no empresarial." "A Geografia Louca", in *O Estado de S.Paulo*, 1º/12/1971, ano 92, n. 29.650.

horizontes do cálculo econômico, as projeções de investimentos e a capacidade do Estado de atuar mediando o conflito e mantendo o clima institucional estável, é voltar ao economicismo: a inversão cai *não porque não pudesse realizar-se economicamente, mas sim porque não poderia realizar-se institucionalmente*[13].

[13] M. da C. Tavares e J. Serra, op. cit., caem na tentação de contestar o modelo de Celso Furtado, que explica a crise de 1964 como uma crise de realização do consumo devido ao não crescimento dos salários reais. O modelo de Furtado é, basicamente, o de Arthur Lewis ("Desarrollo Económico com Oferta Ilimitada de Mano de Obra", *El Trimestre Económico,* n. 108). Fácil seria perceber que, ainda quando os salários reais das classes trabalhadoras não tenham crescido, pressuposto correto de Furtado, não havia a crise de realização porque o próprio modelo concentracionista havia criado seu mercado, adequado, em termos da distribuição da renda, à realização da produção dos ramos industriais mais novos.

V

A EXPANSÃO PÓS-1964: NOVA REVOLUÇÃO ECONÔMICA BURGUESA OU PROGRESSÃO DAS CONTRADIÇÕES?

O regime político instaurado pelo movimento militar de março de 1964 tem como programa econômico, expresso no Plano de Ação Econômica do Governo – PAEG –, a restauração do equilíbrio monetário, isto é, a contenção da inflação, como recriação do clima necessário à retomada dos investimentos públicos e privados. Nesse sentido, há uma enorme semelhança formal do PAEG com o Plano Trienal do Governo Goulart, formalismo aliás que abrange quase todos os planos de combate à inflação, em todas as latitudes. Qual é o primeiro resultado da execução do PAEG? Uma forte recessão, que se prolongará até o ano de 1967, e que é, em tudo e por tudo, bastante semelhante à breve recessão surgida logo após a tentativa de execução do Plano Trienal sob a batuta conjunta Santiago Dantas–Celso Furtado. A identidade do erro deriva da identidade das supostas causas: a de que se estava em presença de uma inflação de demanda; o remédio era, num como noutro caso, a contenção dos meios de pagamento, o corte nos gastos governamentais, e o resultado foi, numa como noutra experiência, a recessão, breve a primeira e prolongada a segunda. Alguns preconceitos ideológicos, comuns entre os economistas, como a quase lei da escassez de capital nas chamadas economias subdesenvolvidas[1], constituíam o pano de fundo das abstrações que lastreavam o instrumental de combate à inflação.

Foi somente quando começou a praticar-se uma política *seletiva* de combate à inflação, que se retomou a expansão do sistema: o termo *seletiva* não deve ser confundido com outra quase lei de seletividade derivada de prioridades sociais. A política *seletiva* implantada distingue, antes, *seletividade de classes sociais e privilegia as necessidades da produção*. Assim, abandonou-se a perspectiva de contenção de crédito, a de contenção dos gastos governamentais, e a perspectiva global de contenção da demanda; a política implantada, *seletiva nesse sentido*, passou a ser contrária à anterior: aumento dos créditos, aumento dos gastos governamentais, estímulo à demanda. Foi preciso a recessão para que a situação de classe abrisse os olhos dos detentores do poder e forçasse o abandono da ideologia economicista do sr. Roberto Campos e seus continuadores. Os instrumentos dessa política foram uma reforma fiscal aparentemente progressiva mas de fundo realmente regressiva, em que os impostos indiretos crescem mais que os diretos, um controle salarial mais estrito, e uma estruturação do mercado de capitais que permitisse o "descolamento" – na feliz expressão de Maria da Conceição Tavares[2] – do capital financeiro e que desse fluidez à circulação do excedente econômico contido no nível das famílias e das empresas e representativo da distribuição da renda que se gestara no período anterior. Em poucas palavras, a política de combate à inflação procura transferir às classes de rendas baixas o ônus desse combate, buscando que as alterações no custo de reprodução da força de trabalho não se transmitam à produção, ao mesmo tempo que deixa galopar livremente a inflação que é adequada à realização da acumulação, através do instituto da correção monetária, a prática, já iniciada em períodos anteriores[3], de fuga aos limites estrei-

---

[1] Da qual somente conseguiu escapar, entre os economistas latino-americanos, Ignácio Rangel. V. *A inflação brasileira*, op. cit.

[2] Ver seu "Natureza e contradições do desenvolvimento financeiro no Brasil" (mimeo.), 1971.

[3] A ativação das letras de câmbio e a criação das primeiras instituições financeiras não bancárias remontam a meados da década de 1950.

tos da lei da usura. A circulação desse excedente compatibiliza os altos preços dos produtos industrializados com a realização de acumulação, propiciada por um mercado de altas rendas, concentrado nos estratos da burguesia e das classes médias altas.

Sobre que estrutura de distribuição da renda pode apoiar-se a política descrita? Dispõe-se de estudos sobre a distribuição da renda apenas para 1960 e, mais recentemente, para 1970, ambos sobre os dados dos Censos Demográficos respectivos. Em 1960, segundo João Carlos Duarte[4], a distribuição da renda em porcentagens da população de 10 anos e mais que recebiam renda e respectivas porcentagens da renda total recebida era a seguinte:

POPULAÇÃO		**RENDA**	
% População	**% Acumulada**	**% Apropriada**	**% Acumulada**
30	30	6,37	6,37
10	40	4,83	11,20
10	50	6,49	17,69
10	60	7,49	25,18
10	70	9,03	34,21
10	80	11,31	45,52
10	90	15,61	61,13
10	100	38,87	100,00
5% superiores		27,35	
1% idem		11,72	

Os dados demonstram a extrema concentração na cúpula, numa forma em que a proporção da renda apropriada pelo 1% superior da escala populacional – 11,72% da renda – é superior, ainda que por

[4] *Aspectos da distribuição da renda no Brasil em 1970,* dissertação apresentada à Escola Superior de Agricultura "Luiz de Queiroz" da Universidade de São Paulo (mimeo.). Piracicaba, 1971. Ver Quadro 10.

pequena margem, à proporção de renda apropriada por 40% da população; prosseguindo um pouco, encontrar-se-á que os 5% superiores da escala populacional apropriavam uma parcela da renda ainda maior que a parcela apropriada por 60% da população: 27,35% contra 25,18%. Em termos monetários, a renda média dos 5% superiores da população correspondia a mais de 15 vezes a renda média de 50% da população: Cr$ 56,02 contra Cr$ 3,62, em cruzeiros constantes de 1949[5]. Sobre esta base, que já continha em si, parcialmente, os resultados do processo de industrialização, assentou-se a política econômica do pós-1964. Conforme a hipótese já formulada, o mercado para os produtos industriais dos novos ramos assentava-se exatamente numa distribuição extremamente desigualitária da renda, a qual estava muito longe de constituir-se em obstáculo ao crescimento, como supõem Furtado e todos os seguidores do dual-estruturalismo cepalino. Os altos preços dos produtos nacionais que substituíam os importados, antes de frearem a demanda, produzirem capacidade ociosa, baixarem a relação produto/capital, eram adequados à distribuição da renda e cumpriam o papel de reforçar a acumulação, mediante o incremento dos diferenciais salários/produtividade. Uma crise de realização do tipo clássico existiria *se, mantendo-se altos os preços dos produtos nacionais*, a distribuição da renda *fosse mais igualitária*, e não o contrário.

Apoiando-se numa tal estrutura, a política econômica pós-1964 avançou na progressão em direção a uma concentração ainda mais extremada. O mesmo autor[6] encontrou, para 1970, a seguinte distribuição da renda no Brasil:

---

[5] João Carlos Duarte, op. cit., Quadro 9.

[6] Idem, ibidem, Quadro 8.

POPULAÇÃO		RENDA	
% População	**% Acumulada**	**% Apropriada**	**% Acumulada**
40	40	9,05	9,05
10	50	4,69	13,74
10	60	6,25	19,99
10	70	7,20	27,19
10	80	9,63	36,82
10	90	14,83	51,65
10	100	48,35	100,00
5% superiores		36,25	
1% idem		17,77	

A primeira observação mostra que o grau de concentração na cúpula aumentou: enquanto o 1% superior em 1960 se apropriava de 11,72% da renda total, em 1970 essa porcentagem aumenta para 17,77%; os 5% superiores em 1960 detinham 27,35%, enquanto em 1970 passam a reter 36,25%. Em contrapartida, *et pour cause*, os 40% inferiores da população participavam em 11,20% da renda total, enquanto em 1970 sua participação decai para 9,05%. Resumindo a confrontação entre os extremos, em 1960 a população remunerada correspondente a 60% do total participava com 25,18% da renda total, enquanto em 1970 essa participação decai para 19,99%. Em termos monetários, os 5% superiores da população tinham uma renda média, em cruzeiros constantes de 1949, mais de 26 vezes superior à renda média recebida por 50% da população: Cr$ 96,16 contra Cr$ 3,64.

Em termos de incremento da renda média real, os primeiros 50% da população tiveram, no decênio tão somente 1%, tendo o 6º decil 8%, o 7º decil 3%, o 8º decil 10%, o 9º decil 23%, o 10º decil 61% e os 5% superiores 72% de incremento; isso quer dizer, vendo por outro lado a dinâmica da distribuição, que o crescimento da renda real na economia brasileira durante o decênio – aproximadamente 70% – foi predominantemente apropriado pelos 5% mais ricos da população. É evidente que a massa total de renda em cada estrato aumentou, pelo simples fato de que o número de habitantes em cada estrato também aumentou; o aumento da massa total de renda é que sustentou a demanda dos bens de consumo não duráveis, nos estratos de rendas baixas, enquanto não somente o aumento de população nos estratos de rendas altas, *mas principalmente* os ganhos de renda real por membro dos estratos ricos é que constituem a base de mercado para os bens de consumo duráveis – automóveis, eletrodomésticos – cuja demanda aumentou sensivelmente a partir de 1968; por sua vez, a demanda para os bens de capital também pode sustentar-se, já que o ritmo de crescimento e os preços relativos dos bens de consumo duráveis satisfizeram a condição de crescimento do departamento de bens de capital. Tal fenômeno está na base do 2º e do 3º carro, já o padrão comum na maioria das famílias de altas rendas do país.

Os dados provam, abundantemente, que não houve nenhuma redistribuição para baixo, nem em termos de beneficiamento dos estratos médios, nem muito menos, como é óbvio, dos estratos baixos. Ante tais resultados, sustenta-se alguma hipótese do tipo da formulada por M. da C. Tavares e J. Serra, de que a compressão salarial era necessária para financiar a inversão e para redistribuir esse superexcedente para as classes médias? Se com uma estrutura de distribuição da renda do tipo da que foi constatada em 1960 os salários reais não ameaçavam a inversão, por que a dinâmica da distribuição "necessitaria" desse "capricho"? Tanto a distribuição proporcional da renda por estrato como os incrementos da renda média real, no decênio, não confirmam nenhuma hipótese de *redistribuição intermediária*, teoricamente duvidosa aliás, já que não existem relações de produção entre classes trabalhadoras e classes médias e já que, necessariamente, qualquer redistribuição do tipo acima passa pela mediação do aparelho produtivo, isto é, passa pela propriedade dos meios de produção; a hipótese ressuma a um "estado do bem-estar" para as classes médias, construído pelo "despreendimento" das classes proprietárias. A renda das classes médias deriva dos novos requerimentos técnico-institucionais da matriz da nova estrutura industrial e, portanto, das *ocupações* médias que essa matriz cria: é uma "necessidade" da estrutura produtiva, em seu sentido global, e não um "estado do bem-estar" das classes médias. Do ponto de vista da demanda, que asseguraria, mediante a *redistribuição intermediária*, a realização da produção e da acumulação, o argumento dos autores citados tampouco se sustenta, a não ser que se acredite que a acumulação tem preconceitos de classe: o consumo poderia ser realizado por operários e trabalhadores em geral, pois disporiam de renda para tanto, mas o sistema tem preconceito de classe; somente classes médias e ricas – brancos, em suma – podem consumir: trabalhadores – pretos e mulatos – não podem consumir, e então transfere-se a renda para as classes médias. O argumento é extremamente especioso, e sua falha reside não nos preconceitos, mas no simples fato de que a compressão salarial, impedindo o crescimento dos salários, transfere os ganhos da elevação da mais-valia absoluta e relativa para o polo da acumulação e não para o do consumo. Isso não quer dizer que as classes médias ou os estratos intermediários não tenham se beneficiado com a expansão dos últimos anos; quer dizer apenas que *não houve redistribuição intermediária*: a possibilidade de que esta seja factível acabaria com todos os problemas do capitalismo.

O argumento da "redistribuição intermediária" funda-se, na verdade, na posição de que acréscimos infinitesimais na renda das classes mais baixas não as habilitam *ainda* a comprar os bens de consumo duráveis, cujos preços são relativamente altos (o nível desses preços é adequado à realização, conforme se demonstrou); assim, a transferência de excedente, produzida pela compressão salarial, das classes de renda baixa para as classes médias significaria que aqueles acréscimos, infinitesimais para as classes baixas, são expressivos para as classes médias, não apenas porque se somariam a um montante médio de renda bastante mais elevado, como porque o número de pessoas nas classes médias é bem menor; o resultado seria, com a "redistribuição intermediária", um volume de poder de compra mais concentrado e um nível de renda médio das classes médias mais elevado, o que as tornaria capazes de comprar os bens de consumo duráveis. A mecânica do raciocínio é correta, mas falta-lhe consistência pela razão de que não há relações de produção entre classes trabalhadoras e classes médias e, na ausência dessas relações, confere ao aparato do Estado uma racionalidade que ele não tem, para operar a "redistribuição intermediária". Mais fácil e mais verdadeiro é supor que o nível de renda mais elevado das classes médias decorre das novas ocupações criadas pela expansão industrial e da posição que essas novas ocupações guardam em relação à estrutura produtiva, em termos da escala social global. Além disso, se as rendas das classes médias fazem parte da mais-valia, elevá-las significaria debilitar a inversão e não o contrário.

Sem embargo, a repressão salarial é um fato. Onde vai parar, pois, o superexcedente arrancado aos trabalhadores e a que fins ele serve dentro do sistema? Aqui se pré-esboça sinteticamente a resposta: o superexcedente, resultado da elevação do nível da mais-valia absoluta e relativa, desempenhará, no sistema, *a função de sustentar uma superacumulação, necessária esta última para que a acumulação real possa realizar-se*. Levado inicialmente pelas exigências da aceleração dos anos 1957/1962 a aumentar a taxa de exploração do trabalho, a fim de financiar internamente a inversão, o sistema caminhou para um conflito entre relações de produção e forças produtivas, cujo desenlace conhecido foi aprofundar, como *condição política* de sua sobrevivência, aquela exploração; assim, em primeiro lugar, o superexcedente tem uma *função política de contenção*, para o que, necessariamente, reveste-se de características repressivas. Isto é, torna-se indissociável a política da economia, porque a contenção da classe trabalhadora se faz, principalmente, pela contenção dos salários. No entanto, isso seria apenas uma "morbidez" do sistema, se não fosse um requisito estrutural. Esse requisito estrutural já aparece no movimento do período 1957/1962: faz-se necessário aumentar a taxa de lucros, para ativar a economia, para promover a expansão. Examine-se mais detidamente esse aspecto.

Tendo sido um requisito para a aceleração dos anos 1957/1962, em condições adversas do balanço de pagamento – fato que não ocorria no período 1947/1952, quando se observou igual aceleração e repressão salarial – a elevação da taxa de lucros transforma-se numa necessidade permanente para a expansão da economia. Importa aqui considerar que a aceleração do período 1957/1962 introduz uma mudança qualitativa sumamente importante que encobre uma mudança quantitativa: a implantação, nos ramos "dinâmicos", *das empresas que requerem uma homogeneidade monopolística da economia como condição sine qua non* de sua expansão. Essa necessidade de homogeneização monopolística é que será a determinante principal para os esforços tendentes a manter altas e elevar, quando possível, a taxa de lucro dos setores mais capitalistas da economia, *verbi gratiae*, da indústria. Essa necessidade afetará todas as variáveis da reprodução do capital: por ela, mantém-se, por exemplo, uma estrutura de proteção tarifária extremamente alta; por ela, fundam-se todas as formas de incentivo à capitalização e de subsídio ao capital, aparentemente paradoxais, quando a economia mostra taxas de expansão também surpreendentemente altas. A homogeneização monopolística é não somente uma necessidade de proteção de mercados, mas, *principalmente*, uma necessidade da expansão das empresas monopolísticas em áreas e setores da economia ainda não sujeitos às práticas da monopolização. Assim, mantendo-se alta a taxa de lucro e, pelo subsídio ao capital, elevando-se a taxa de lucro potencial nas áreas e setores ainda não monopolizados, forma-se um superexcedente nas superempresas que alastram sua influência e seu controle às outras áreas da economia. O conglomerado, que é a unidade típica dessa estruturação monopolística, não é, ao contrário do que se pensa, uma estruturação para fazer circular o excedente intramuros do próprio conglomerado, mas uma *estruturação de expansão*. A manutenção de taxas de lucros elevadas é a condição para essa expansão.

No entanto, esse processo não se dá nem se completa em alguns anos, apesar de toda a avassaladora instrumentação institucional posta em marcha para tanto: incentivos à obsolescência precoce do capital, reavaliação de ativos, subsídios ao capital nas áreas da Sudene, Sudam, Embratur, IBDF, Supede etc. E não se dá, nem se completa, inclusive pelo fato de que encontra resistências no conjunto das empresas não monopolísticas que, na margem, reforçam sua capacidade de resistência pelo próprio fato de que o conjunto de incentivos também eleva sua taxa de lucros e, portanto, sua capitalização. Para realizar "a frio" a operação, os incentivos foram intermediados pelo sistema financeiro, pelo chamado mercado de capitais. Assim, o superexcedente, que se contabilizava no nível das famílias e das empresas, como poupança e lucros não distribuídos, dirigiu-se ao mercado financeiro, para a aplicação em papéis que, para uns, significavam aumento da renda e, para outros, possibilidade de viabilizar a expansão, o controle sobre outras áreas e setores da economia. Um complicado sistema foi montado, com a progressiva assunção ao primeiro plano dos bancos de investimento, que são a estruturação da expansão das empresas monopolísticas. Sem embargo, o mercado financeiro transformou-se ele mesmo em ativo competidor dos fundos para a acumulação: a aplicação meramente financeira começou a produzir taxas de lucro muito mais altas que a aplicação produtiva e, de certo modo, a competir com esta na alocação dos recursos. Assiste-se, então, ao dilema em que hoje está a economia: para fazer com que as aplicações no mercado de capitais não sejam um concorrente às aplicações na órbita produtiva, é necessário que as taxas de lucro do mercado financeiro se aproximem das taxas de lucro reais, mas essa operação pode ter como resultado matar a "galinha dos ovos de ouro": as baixas nas cotações das bolsas afugentam as pessoas físicas do mercado de capitais e diminuem a liquidez das empresas, pela enorme retenção de papéis de rentabilidade em declínio. O Governo tenta, então, manter altas as cotações da bolsa, a fim de evitar a fuga de capitais e melhorar a liquidez, mas com essa operação não permite a aproximação das taxas de lucro entre a órbita financeira e a real, e com isso impede que o mercado de capitais exerça o papel de intercambiador de recursos ociosos de umas unidades para outras e aumente a taxa de poupança do sistema como um todo. Tem-se, então, que apesar do incentivo desesperado à capitalização todo o movimento dos últimos anos não se reflete positivamente ao nível das contas nacionais na conta de formação de capital, o que tem sido interpretado por muitos como sinal de poupança insuficiente do sistema. Em poucas palavras, um mecanismo circular que proporcionou o "descolamento" das órbitas financeira e real impede que a primeira sirva de fonte de acumulação para a segunda. O elemento de "confiabilidade" dos papéis passa a ser estratégico nessa conjuntura, quando sua função seria meramente acessória.

Em condições de poupança crescente, ampliação do "exército industrial de reserva" e salários reais urbanos deprimidos, o sistema encontra seus limites se *não transforma essa poupança em acumulação real.* Para tanto, é necessário que a velocidade de crescimento das relações interindustriais entre os departamentos 1 e 2 da economia seja mais alta que a velocidade de crescimento da poupança; caso contrário, o sistema tende a "afogar-se" em excedente. Aqui, entra em cena um dos fatores limitantes do incremento das relações interindustriais, que se configura como uma "dessubstituição de importações" de bens de produção. Explicitemos a questão. A retomada do crescimento, ocupada a capacidade ociosa gerada pela recessão dos anos 1962/1967, exige, imediatamente, um aumento da produção de bens de capital, a fim de aumentar a capacidade produtiva instalada. Esses novos requerimentos de bens de produção são os que vão alimentar o crescimento do departamento 1 da economia ou mais precisamente da indústria; entretanto, seja pela recessão anterior, seja pela orientação da política econômica, a capacidade de produção do referido departamento não foi incrementada no período anterior, e esses requerimentos ou são satisfeitos mediante o recurso às importações ou o crescimento é bloqueado. O recurso às importações foi a condição necessária para evitar o bloqueio do crescimento: entre 1966 e 1970, as importações de bens de capital destinados à inversão interna passaram de US$ 405,6 milhões para US$ 1.073,9 milhões, isto é, cresceram 1,6 vezes, velocidade muito maior que a do crescimento do PNB e que o crescimento do próprio produto do setor industrial como um todo[7]. Em outras palavras, o coeficiente de importações do produto da indústria cresceu, invertendo a tendência anterior; por essa forma, boa parte do impulso gerado pelo crescimento do departamento 2 (bens de consumo) não se transmitiu ao departamento 1 (bens de produção), com o que não se internalizou totalmente a potencialidade de crescimento. A longo prazo, o resultado é que a possibilidade de manter

[7] Ver *Boletim do Banco Central do Brasil,* novembro de 1971, Quadro VI-104.

alta a taxa de crescimento dependerá *mais e não menos* do crescimento das exportações, que é a forma escolhida de abastecimento dos bens de capital requeridos pelo crescimento das demandas do departamento 2.

As condições anteriormente descritas contribuem para determinar, em boa medida, uma gama variada de políticas, cujo objetivo central é o de *não deixar cair* a taxa de lucro. O subsídio às exportações é uma delas. Em primeiro lugar, as exportações mais fortemente subsidiadas são as de manufaturas, para as quais o país é *um exportador marginal* no comércio internacional; mas as manufaturas exportadas não concorrem, absolutamente, com as manufaturas exportadas pelos países mais desenvolvidos: antes, são exatamente as manufaturas de ramos industriais *que, sem o recurso às exportações*, entrariam em crise pelo fraco crescimento ou não crescimento da demanda interna, resultado da compressão salarial das classes de renda mais baixas: calçados, têxteis, sucos, carne bovina (não se subsidiam exportações do tipo de minério de ferro, nem café, por suposto). Esse subsídio, numa situação em que os *preços internos crescem mais que os preços externos* é, de certa forma, *uma esterilização de capital*, viabilizada pela chamada política de câmbio flexível. Essa esterilização de capital aparece na contabilidade das empresas como lucro, mas na contabilidade nacional ela é uma transferência da conta do Governo para a conta de capital das empresas, já que é a renúncia a um imposto (no fundo ela é uma transferência da conta das famílias, intermediada pelo Governo). O incentivo à obsolescência do capital, que implica produzir novos bens ou novos modelos de bens é, também, uma forma disfarçada de esterilizar o capital, aumentando, de um lado, a demanda de novos bens de produção e, de outro, "enxugando" o excesso de poder de compra nas mãos dos consumidores das classes de rendas altas: a renovação de modelos dos principais bens duráveis de consumo atende a esse propósito de compatibilizar a produção e a realização da acumulação e, para tanto, a evolução do prosaico Volkswagen para os Galaxies e Dodges, e a introdução da televisão em cores, por exemplo, cumprem esse papel.

A tentativa de manter elevadas as taxas de remuneração do capital que, parcialmente, desembocaram na política econômica externa já relatada cria, a curto prazo, uma capacidade insuspeitada de crescimento, mas a longo prazo reduz a margem de manobra global. Com o subsídio, aumentam-se as exportações, buscando melhorar as reservas internacionais do país, a fim de melhorar a capacidade de barganha internacional; mas somente os ingênuos podem continuar acreditando que o comércio internacional é realmente multilateral: o que é multilateral é o sistema de pagamento desse comércio, mas, no fim das contas, os países que se abrem para nossas exportações esperam tratamento idêntico de nossa parte para as suas. Como resultado, nossas importações de bens de capital estão crescendo muito mais que o ritmo de crescimento da indústria e da economia como um todo e, a longo prazo, afetando a expansão do próprio setor de produção de bens de capital da economia brasileira. A fim de incentivar e manter alta a taxa de lucro, o Governo abre mão de parte de suas receitas e, para financiar suas inversões, recorre, em níveis cada vez mais altos, ao crédito externo; por outro lado, renuncia também a parte dos impostos, para ativar o sistema financeiro, o que comprime ainda mais a capacidade de gasto do Poder Público, *se não se recorrer* ao crédito externo. De tal forma um elemento da política alimenta o comportamento do outro, que o sistema é hoje muito mais solidário e, por oposição, também muito mais rígido.

Em que sentido caminhou o sistema, na sua reposição? Longe de haver cortado os "nós górdios" da acumulação primitiva, ele parece continuar explorando-os: a Transamazônica não passa de uma gigantesca operação "primitiva", reproduzindo a experiência da Belém-Brasília, no que para alguns românticos "à la Malraux" é uma saga; o Brasil seria, assim, o único lugar do mundo – depois da desmoralização de Hollywood – onde a vida ainda se desenrola em termos epopeicos, muito próprios para as tomadas em *eastmancolor* de Jean Manzon. A resolução das contradições entre relações de produção e nível de desenvolvimento das forças produtivas é "resolvida" pelo aprofundamento da exploração do trabalho. A estruturação da expansão monopolística requer taxas de lucro elevadíssimas e a forma em que ela se dá (via mercado de capitais) instaura uma competição pelos fundos de acumulação (pela poupança) entre a órbita financeira e a estrutura produtiva que esteriliza parcialmente os incrementos da própria poupança; um crescente distanciamento entre a órbita financeira e a órbita da produção é o preço a ser pago por essa precoce hegemonia do capital financeiro. O sistema evidentemente se move, mas na sua recriação ele não se desata dos esquemas de acumulação arcaicos, que paradoxalmente são parte de sua razão de crescimento; ele aparenta ser, sob muitos aspectos, no pós-1964, bastante diferenciado de etapas anteriores, mas sua diferença fundamental talvez resida *na combinação de um maior tamanho com a persistência dos* antigos problemas. Sob esse aspecto, o pós-1964 dificilmente se compatibiliza com a imagem de uma revolução econômica burguesa, mas é mais semelhante com o seu oposto, o de uma contrarrevolução. Esta talvez seja sua semelhança mais pronunciada com o fascismo, que no fundo é uma combinação de expansão econômica e repressão.

VI

CONCENTRAÇÃO DA RENDA E REALIZAÇÃO DA ACUMULAÇÃO: AS PERSPECTIVAS CRÍTICAS

Convém discutir, agora, a questão de se o estágio a que chegou a economia capitalista do Brasil, com um grau de concentração da renda como o detectado pelo Censo Demográfico de 1970, constitui um problema crítico para sua ulterior expansão. Até que ponto, encarando-se o problema estritamente do ângulo das possibilidades estruturais e desprezando-se qualquer ótica reformista, uma renda extremamente concentrada é benéfica ou é um risco para a expansão capitalista? Aqui se faz a ligação com a questão da realização da mais-valia e da acumulação: que significado tem, em termos de mercado, uma renda tão concentrada; gera um mercado suficiente para realizar a acumulação, compatível com o nível de desenvolvimento das forças produtivas?

A controvérsia sobre os efeitos da concentração da renda no desenvolvimento econômico não tem produzido resultados muito positivos, principalmente pelo fato de que a discussão tem sido muito mais ideológica que científica. A influência neoclássica de não reconhecer a distribuição como um tema da economia vingou durante muito tempo, prejudicando sensivelmente a abordagem do assunto e afastando dele os melhores esforços teóricos. Por outro lado, na discussão não tem predominado um critério de homogeneidade tanto de universo conceitual como de sistemas de referência: frequentemente, são propostos esquemas de distribuição próprios de um sistema socialista para avaliar o padrão de distribuição vigente em economias capitalistas; mas, na verdade, esse tipo de discussão coloca falsos dilemas sobre a correlação entre distribuição da renda e expansão em economias capitalistas.

Uma maneira de abordar o tema seria tentar verificar *até que ponto a expansão do capitalismo no Brasil reproduz a história da construção do capitalismo nos países centrais.* Kuznets, um dos poucos estudiosos sistemáticos do assunto, assinala[1] que os primeiros estágios de industrialização e urbanização são marcados, nos países centrais, por um incremento da desigualdade. Tal incremento se funda, em primeiro lugar, pela perda de importância relativa do produto rural – onde a desigualdade *era menor* nos países com forte estrato camponês – no produto total, e, por oposição, pela maior contribuição absoluta e relativa do produto não agrícola (indústria + serviços) onde a desigualdade é *maior*. A razão de que a desigualdade aumenta na passagem da economia de rural para urbano-industrial, que Kuznets não comenta, é evidentemente dada pela ampliação do "exército industrial de reserva" e consequente aumento da taxa de exploração do trabalho. Os estudos seculares de Kuznets revelam, no entanto, que a desigualdade declina com a continuidade do desenvolvimento nos países capitalistas, e a razão empírica que ele encontra – embora não a elabore teoricamente – é que, a partir de certo momento, a renda real *per capita* dos estratos mais baixos *cresce mais velozmente* que a dos demais estratos. Teoricamente, diz Kuznets, essa declinação *iria contra* a acumulação, pois que uma renda concentrada em poucos possuidores, tendo esses possuidores uma alta propensão a poupar, favoreceria a acumulação; no entanto, sem que seja encontrada uma razão teórica forte, a tendência à diminuição da desigualdade, longe de causar danos à acumulação, terminou por conferir dinamicidade ao sistema como um todo. Como se operou a reversão da tendência? Segundo Kuznets, não há nenhuma

---

[1] Ver Simon Kuznets, *Crecimiento económico y estructura económica,* caps. IV e IX, Barcelona, Gustavo Gili, 1970.

automaticidade no sistema que leve a ela; isto é, a tendência intrínseca seria para continuar aumentando a concentração da renda. A reversão, segundo o mesmo autor, operou-se tendo como fator principal a *organização dos trabalhadores*, e a legislação social de coibição dos excessos de exploração. A razão teórica não abordada por Kuznets, mediante a qual o capitalismo aproveitou uma reversão de sua tendência concentracionista, reside no fato de que a simples elevação dos salários acabaria por elevar desproporcionalmente ao capital o custo de reprodução da força de trabalho e, portanto, ameaçaria a própria acumulação. A resposta do sistema foi a capitalização, mediante a qual outra vez se reduzia o custo relativo de reprodução da força de trabalho elevando-se a mais-valia relativa e mantendo a proporcionalidade entre essas variáveis. Esse é o raciocínio dos clássicos em geral, mais elaborado pelo próprio Marx. Dessa forma, a elevação dos salários reais, que é conseguida mediante o crescente poder de barganha dos trabalhadores, amplia a capacidade de consumo dessas classes e passa a ser um componente estrutural da expansão do sistema capitalista; daí que constitua pedra de toque das políticas econômicas dos países capitalistas manter o pleno emprego ou algo muito próximo a ele, não por qualquer razão humanitária, mas simplesmente porque esta é a melhor forma de desempenho de uma economia capitalista. Convém acrescentar que a formação das colônias, no período de vigorosa expansão capitalista, é um componente estrutural, mediante o qual os espaços assim conquistados transformam-se na reserva de "acumulação primitiva" do sistema, que vai contribuir seja diretamente para a acumulação, mediante a apropriação do excedente produzido nas colônias, seja pela oferta de produtos primários, que vai contribuir para baixar o custo relativo de reprodução da força de trabalho[2].

Estaria a economia capitalista no Brasil em estágio semelhante ao estudado por Kuznets para as economias capitalistas hoje maduras

---

2 De passagem, convém notar que essa "transferência" do conflito básico entre relações de produção e forças produtivas nos países capitalistas líderes irá desembocar, de um lado, no modelo imperialista da acumulação e, de outro, no reformismo dos partidos sociais democratas europeus.

(Kuznets trabalhou com dados para os Estados Unidos da América, 1929 e 1944/1950; Reino Unido, 1929 e 1947; Prússia Média e Saxônia Média, 1907 e 1911; Itália, 1948). Poder-se-á pensar, então, que a economia brasileira esteve, nos últimos trinta anos, incrementando a desigualdade para estar, agora, no limiar do movimento inverso? A resposta a essa interrogante comporta o exame dos vários setores de produção/distribuição da economia brasileira. Em primeiro lugar, pode-se afirmar, com relativa segurança, que não vige, na economia rural brasileira, um padrão de distribuição *menos desigualitário*, tal como o encontrou Kuznets para as economias centrais. Isto é, a distribuição da renda agrária no Brasil, pelas características da formação histórico-econômica da economia rural brasileira, com o predomínio das *plantations*, com a concentração fundiária que a caracteriza desde sua implantação e pela ausência do seu contrário, que seria um forte estrato camponês, é uma distribuição tão ou mais desigualitária que a urbana-industrial, características confirmadas por recentes estudos de Rodolfo Hoffmann[3]. Assim sendo, uma distribuição desigualitária no

[3] Ver *Contribuição à análise da distribuição da renda e da posse da terra no Brasil*, tese apresentada à Escola Superior de Agricultura "Luiz de Queiroz", da Universidade de São Paulo, para obtenção do título de Livre-Docente (mimeo.), Piracicaba, São Paulo, 1971. Hoffmann afirma: "O índice de Lorenz da concentração da posse da terra no Brasil tem-se mantido, de 1920 a 1967, ao redor de 0,84. Não há, portanto, tendência para diminuir ou aumentar a concentração da posse da terra, no país. Esse resultado mostra que não podemos esperar que a estrutura agrária brasileira se torne mais igualitária sem uma reforma agrária", p. 115. Mais adiante: "À primeira vista, poderíamos concluir que a concentração da renda é maior no setor urbano que no setor primário. Utilizando o índice de Theil, mostramos, entretanto, que, quando se consideram as pessoas ativas sem renda, o índice de concentração para o setor primário, no Brasil e nas Regiões Leste e Sul, pode tornar-se maior que o referente ao setor urbano. É possível, portanto, que o grau de concentração da distribuição da renda nesses dois setores seja bastante similar", p. 118. Os índices de concentração da renda, um índice de Gini modificado por Hoffmann, sobre dados do Censo Demográfico de 1960, foram os seguintes:

Setor	Brasil	Nordeste	Leste	Sul
Total	0,504	0,579	0,537	0,414
Primário	0,436	0,434	0,439	0,364
Urbano	0,476	0,633	0,507	0,399

campo somada à distribuição desigualitária na cidade conformariam um padrão global de distribuição da renda cuja desigualdade seria mais acentuada que no caso dos países capitalistas maduros. Por outro lado, não há nenhum sinal de atenuação ou de início de uma curva descendente da desigualdade; todos os estudos realizados, dois dos quais citados neste trabalho – os de Hoffmann e de Duarte – concluem que a desigualdade cresceu entre 1960 e 1970 e que a base do crescimento da desigualdade é dada pelo quase nulo crescimento das rendas dos estratos mais baixos em contraposição ao extraordinário crescimento das rendas dos estratos mais altos, exatamente o oposto do indicado por Kuznets[4].

Os estudos empíricos demonstram não haver nenhum automaticidade no sistema que o leve a redistribuir, uma hipótese aliás que sempre esteve teoricamente formulada. Dois fatores, apenas, podem se opor à tendência concentracionista quase inerente ao sistema capitalista: o primeiro é a escassez de trabalho, que conduziria à elevação dos salários reais, gerando, por sua vez, todo o ciclo capitalista clássico que leva às inovações poupadoras de trabalho, à acumulação, ao progresso técnico e outra vez à elevação dos salários reais; mas as evidências empíricas reduzem o poder de explicação dessa dialética econômica *quando ela*

---

[4] Com algumas ressalvas quanto à comparabilidade dos dados, a distribuição da renda no Brasil, em 1970, apresentava, em relação aos países estudados por Kuznets, as seguintes diferenças:

Estratos	Brasil	EUA	Reino Unido	Prússia Média	Média Saxônia
	1970	1929	1929	1907/1911	1907/1911
60% da população	19,99	27,0	27,0	33,0	26,0
20% seguintes	16,83	19,0	15,0	17,0	17,0
Últimos 20%	63,18	55,0	54,0	50,0	57,0
5% superiores	36,25	31,0	33,0	30,0	35,0

Fonte: Brasil: João Carlos Duarte, op. cit.; outros países: Simón Kuznets, op. cit., Tabela 5B, p. 185.

está desligada da organização da classe trabalhadora, da sua demanda por melhores condições de vida e de trabalho e da possibilidade de que, *politicamente*, possam fazer-se ouvir e respeitar. Melhor dizendo, não se pode pensar um sistema capitalista em expansão sem essa contradição fundamental, que é, assim, estrutural a ele. A pressão das classes trabalhadoras gerando a legislação social de coibição dos excessos da exploração do trabalho *explica mais* que a pura dialética econômica da acumulação-escassez de trabalho, no fenômeno da elevação dos salários reais.

Ora, no Brasil, nenhuma dessas condições está presente, no momento. Em primeiro lugar, a reserva de força de trabalho é de tal porte que o sistema se dá ao luxo de crescer horizontalmente, com baixíssimos coeficientes de capitalização, lastreando, por essa forma, sua expansão global e a possibilidade de que alguns setores se verticalizem, sem concorrência pelos fundos de acumulação. A oferta de força de trabalho inclusive se ampliou com a industrialização: desde o Censo de 1920, a taxa de crescimento da população brasileira incrementou-se em cada decênio, até atingir 1970, quando se notou a primeira tendência declinante neste século. Assim, do ponto de vista estritamente da relação acumulação-escassez de força de trabalho, o sistema não encontrou ainda seu limite. Por outro lado, e aqui é que entra *a especificidade particular* da forma concreta de capitalismo no Brasil, esse limite é sempre como a linha do horizonte, uma vez que a economia *absorve*, pelas suas relações com o capitalismo mais maduro, formas concretas de inversão que *poupam previamente trabalho*, o que potencializa enormemente uma unidade de inversão (isto é, elevam a relação produto-capital). Já do ponto de vista da organização das classes trabalhadoras, desde 1964 somente se tem assistido ao retrocesso. Esse retrocesso significa não que a legislação social pré-1964 fosse mais favorável aos trabalhadores que a de hoje, mas que a organização dos trabalhadores para reivindicar e transformar suas reivindicações em expressões políticas concretas seja hoje impedida, em oposição com os últimos anos da década de 1950 e os primeiros da década de 1960. Privados de qualquer poder de barganha como representantes da oferta de trabalho, os sindicatos têm que se submeter ao padrão de salários e de reajustes que o Governo impõe, de acordo com os ditames de sua política econômica; a legislação do trabalho, da qual a substituição da instituição de estabilidade no trabalho pelo Fundo de Garantia do Tempo de Serviço é o protótipo, somente tem beneficiado a acumulação, acelerando o *turn-over* dos empregados, acelerando a expulsão da força de trabalho dos maiores de 40 anos, contribuindo para o aumento da taxa de exploração[5]. Qual é a relação entre o grau de concentração da renda no Brasil e as possibilidades de crescimento do mercado, ou, em outras palavras, um sistema econômico que concentre a renda nessa escala tem condições de realizar *sempre* a compatibilização

[5] Pesquisas realizadas pelo Dieese para o Sindicato e a Federação dos Trabalhadores nas Indústrias Químicas e Farmacêuticas de São Paulo, em 1971, entre os trabalhadores do ramo, sindicalizados e não sindicalizados, revelou que 15,9% dos trabalhadores químicos estão na faixa etária de 16 a 20 anos, 38,6% estão na faixa de 21 a 30 anos, e 25,9% estão na faixa de 31 a 40 anos; acima de 40 anos, a porcentagem cai imediatamente para 13,0% e nos 50 anos e mais existiam tão somente 6,6% de trabalhadores. Por outro lado, 25,4% dos trabalhadores da categoria tinham de um a três anos de serviço na atual empresa, enquanto 17% tinham menos de um ano. Por faixa etária, as maiores contribuições a tempos de serviço tão baixos localizavam-se exatamente nas faixas de 16 a 20 anos e de 21 a 30 anos. Existe uma correlação entre pouco tempo de serviço, idade do trabalhador e sindicalização: a maior porcentagem de não sindicalizados encontra-se exatamente nos trabalhadores jovens e nos com pouco tempo de serviço, o que demonstra a função política e não apenas econômica do instituto do FGTS, destinada a minar a capacidade de representação dos sindicatos e sua força como órgão de classe. Os dados indicam também que a porcentagem de dispensas de trabalhadores com mais de um ano de serviço, no ramo químico, aumentou entre 1966 e 1971, em 256,1%. Entre julho e dezembro de 1968, na indústria química como um todo, as demissões corresponderam a 92% das admissões, crescendo essa relação para 94% em 1969, isto é, os empregos líquidos criados não foram mais de 8% e 6% em cada ano. Por outro lado, para aumentar salário, 0,8% dos trabalhadores faziam de 1 a 10 horas de trabalho extra por mês, 29% faziam de 11 a 20 horas de trabalho extra, 16,1% faziam de 21 a 30 horas, 11,8% faziam de 31 a 40 horas, 9,7% faziam de 41 a 50 horas, e 22,6% faziam 51 e mais horas extras mensais, sendo interessante observar que, dos 22,6% que faziam mais de 51 horas mensais de trabalho extra, 81% eram casados. Ver *Caracterização, situação e férias do trabalhador nas indústrias químicas e farmacêuticas de São Paulo e fundo de garantia e estabilidade da mão de obra*, Dieese, São Paulo, 1971 (mimeo.).

entre produção de mais-valia e realização da acumulação? Tentou-se demonstrar, em partes anteriores deste trabalho, que o "fechamento" do mercado da versão cepalina, longe de ter representado obstáculo ao crescimento em etapas anteriores foi, de certo modo, um fator de incentivo, dentro da *rationale* global do sistema, centrada sobretudo na produção dos chamados setores "sofisticados". No entanto, há alguns problemas quanto à manutenção, a longo prazo, de um padrão de crescimento do tipo do que hoje rege a expansão da economia brasileira. *O primeiro problema aparece no que se refere à expansão dos setores de produção que dependem mais estreitamente da demanda das classes trabalhadoras em geral ou dos estratos de rendas baixas.* A expansão desses setores, os chamados "tradicionais", está condicionada sobretudo à expansão da renda dos estratos mais baixos; como esta não tem crescido no último decênio, aqueles setores são os que têm experimentado crescimento mais lento: daí serem "não dinâmicos" e apresentarem baixos coeficientes de elasticidade-renda da demanda. Esses setores têm, portanto, tendência constante *a apresentar problemas de realização*, e não é por mero acaso que sobre eles tem-se concentrado a atenção do Governo, subsidiando a exportação de calçados, tecidos, vestuário, conseguindo aumentos das cotas de exportação para o mercado norte-americano etc. Nas condições de mercado interno prevalecentes, a expansão dos setores referidos dependerá, em primeiro lugar, da ampliação do mercado externo, a qual tem sido conseguida, até agora, à custa de fortes subsídios, que é uma forma disfarçada de *esterilização do excedente*, já referida em páginas anteriores.

Os setores de produção que dependem da demanda dos estratos de rendas altas não apresentam tendência *a crises de realização*, pelas razões já enunciadas, que se podem resumir brevemente repetindo que a produção se apoia exatamente num mercado estreito em termos de tamanho da população nele contida, mas grande em termos da renda disponível e, portanto, em termos do excedente intercambiável. O argumento tradicionalmente esgrimido dos custos altos e dos preços altos não tem nenhuma relevância como razão para deprimir as taxas de utilização da capacidade instalada e, no fim, deprimir a taxa de lucro e a do crescimento. Não serão essas as razões ou as causas pelas quais uma crise possa desatar-se, embora o sistema recorra com periodicidade cada vez mais curta à renovação de modelos, introdução de novos produtos, com o fim de estimular a oferta e não a demanda. Um dos pontos críticos da economia brasileira, neste estágio, coloca-se além da esfera da produção. O fato é que, para as necessidades de sua expansão dentro do modelo em que se desenvolve, concentracionista e excludente, a capacidade de poupança da economia capitalista brasileira *excede* as necessidades da acumulação real; não se confunda essa afirmação com o fato, sobejamente demonstrado, de que *não são atendidas as necessidades* da população em geral e particularmente as das classes sociais detentoras de magras porcentagens da renda nacional. O sistema, em sua expansão, tem usado de expedientes diversos, táticos e tópicos – característica, aliás, que se objetiva na falta de uma tentativa de política econômica global e no manejo "hábil" de políticas específicas, o que para alguns é um sinal de "capacidade técnica" do Governo, mas que na verdade é um sintoma de sua incapacidade – com a pura finalidade de evitar um colapso que procede do seu próprio dinamismo. Tais táticas tópicas revelam-se no subsídio à exportação, como expediente para resolver a crise dos chamados setores "tradicionais", na manutenção da correção monetária, que é uma forma *disfarçada* de inflação *necessária* para manter a reprodução ampliada; a contradição dos remédios tópicos revela-se quando se verifica que a liquidez internacional das Autoridades Monetárias passou de 244,3 milhões de dólares, em 1964, para 1.581,5 milhões de dólares, em 1971, ao mesmo tempo que a dívida externa continua crescendo: entre 1969 e 1971, esta saltou de 4.403,3 milhões de dólares para 5.772,8 milhões de dólares, um crescimento de 31%; a decomposição do crescimento da dívida externa mostra que esta não se incrementa para atender às necessidades da capitalização ou da formação de capital, pois a parte da dívida externa que é destinada ao financiamento das importações cresceu tão somente 37% no período, contra um crescimento de 65% dos empréstimos em moeda[6]. Os em-

---

[6] Ver *Boletim do Banco Central do Brasil*, novembro 1971, Quadros VI-107 e VI-108.

préstimos em moeda, que incluem transações financeiras com empresas privadas, governos estaduais e organismos estatais, parecem constituir realmente um expediente de reinjetar no sistema o excedente gerado mas não absorvido produtivamente; isso parece estar dentro da lógica de funcionamento do sistema, que não consegue operar a alocação dos recursos entre setores e entidades deficitárias e superativas, sem passar por uma instância que aumente a taxa de lucro. Nas condições descritas, de poupança crescente *sem atos correspondentes de inversão real, simultaneamente crescentes*, o sistema chega a um ponto de ameaça da "realização da mais-valia"[7]. Desloca-se o ponto crítico da esfera da produção ou da órbita do real para a órbita do financeiro: a poupança crescente dá lugar à especulação bursátil, para a continuidade da qual o elemento estratégico passa a ser a "confiabilidade" dos papéis; entretanto, por mais que se "descole" a esfera financeira da esfera produtiva, a manutenção da "confiabilidade", a longo prazo, dependerá do desempenho da segunda, isto é, da taxa de lucros de cada uma das empresas e do conjunto delas. Qualquer declínio, ainda que conjuntural, do desempenho das empresas, redunda em detrimento da "confiabilidade" e, em espiral descendente, num mecanismo tipo *feedback*, termina por atingir todo o sistema. O elemento "confiabilidade" tem apenas uma aparência subjetiva ou psicológica: na verdade, na medida em que o mercado de capitais sai de sua infância, ele refletirá mais de perto o desempenho da órbita produtiva. A aplicação tópica de políticas, tal como vem sendo a prática dos últimos anos, não pode contra-arrestar indefinidamente uma situação que se cria no nível do real, no nível das forças produtivas e das relações de produção, situação marcada pela assimetria entre a virtualidade das forças produtivas e os obstáculos que as relações de produção antepõem para a materialização daquele potencial. Assim, o sistema tende a encontrar seus limites de crescimento determinados pelo próprio capital, isto é, pelas possibilidades

[7] Uma excelente discussão desse tipo de crise numa economia capitalista encontra-se em Maurice Dobb, *Economia Política y Capitalismo,* México, Fondo de Cultura Económica, 1961, principalmente no capítulo IV, "Las crises económicas".

que ele oferecer para *manter alta* a taxa de lucros. A esse fim servem, por exemplo, as políticas de incentivo à inversão, hoje prática estendida a todos os setores da economia, e que foi inicialmente imaginada como um mecanismo de transferência do excedente do Centro-Sul para o Nordeste, dentro da estratégia geral de "homogeneização monopolística" do espaço econômico nacional. Num momento em que, objetivamente, a capacidade de poupança pode atender os requisitos da inversão real, a política de incentivos passa a ser uma forma desesperada de manter alta a taxa de acumulação, mediante o expediente de "socializar" a esterilização do excedente, pois que o Governo doa praticamente a metade do capital, reduzindo, com isso, o custo do capital para os investidores, para os quais as taxas de lucros que os novos investimentos possam propiciar poderão continuar sendo *altas em relação ao próprio capital investido*. A forma pela qual a economia consegue fugir ao espectro da depressão é da busca pela elevação da taxa de lucro, penetrando os espaços e setores ainda não monopolísticos; esse movimento, necessariamente, tem como resultado uma maior concentração da renda e, consequentemente, um maior potencial de poupança a ser utilizado.

Assim, a própria expansão da economia capitalista no Brasil, no último decênio, conduziu-a a uma situação *em que os riscos de crise são mais latentes e mais fortes que nunca*: a combinação de crescimento parcialmente voltado para "fora" que alimenta a demanda dos setores chamados "tradicionais" a concentração da renda nos estratos mais ricos da população que alimenta um processo produtivo de caráter intrinsecamente inflacionário, o aparecimento *precoce* da especulação bursátil como forma de sustentação da acumulação real, são, hoje, elementos muito mais estratégicos e, por sua vez, muito mais vulneráveis do que o foram, no passado, o estrangulamento do setor externo e a debilidade da poupança; enquanto no passado os elementos de crise tinham um caráter muito mais de contenção por insuficiência e recursos, *os elementos hoje configuram qualquer crise como uma depressão do tipo clássico*. O sistema, na sua progressão, cortou os elementos que constituem, intrinsecamente, os estabilizadores usuais das crises, variáveis que podem ser manejadas pela política econômica, tais como a política de salários, a política fiscal etc.; resta-lhe, apenas, como área de manobra, o controle do capital, mesmo assim, numa variante de controle que é o oposto do que é tentado nas épocas de crise se já se assiste ao recurso contínuo e crescente de incentivo à inversão quando aritmeticamente a poupança real pode sustentá-la e quando os canais financeiros já estão criados, qual é o manejo do capital que pode se opor a uma crise decorrente de seu próprio excesso? *Longe de ser uma proposição reformista, o acesso das grandes massas da população aos ganhos da produção foi sempre uma condição* sine qua non *da expansão capitalista, mas a expansão capitalista da economia brasileira aprofundou no pós-ano 1964 a exclusão que já era uma característica que vinha se firmando sobre as outras e, mais que isso, tornou a exclusão um elemento vital de seu dinamismo.*

A superação dessas contradições não é um processo que possa ocorrer espontaneamente, nem os deserdados do sistema podem sequer pensar que uma reconversão da economia brasileira a um padrão menos desigualitário é uma operação de pura política econômica[8]. No estágio atual,

[8] Recentemente, tem-se assistido a uma estranha polêmica, no Brasil, em torno da distribuição da renda. Às objeções de que a concentração é um obstáculo ao desenvolvimento econômico e sistema de injustiça social, tem-se respondido numa versão cabocla de humor negro – sem a categoria literária deste – que a concentração da renda é uma decorrência da melhoria da educação; o humor consiste na *blague* de que a distribuição da renda é melhor entre analfabetos. Para além do cinismo que esse tipo de humor revela, há, evidentemente, a tentativa já costumeira entre tecnocratas de confundir a opinião pública, pela qual se tem absoluto desprezo, mostrando que as "artes" da economia estão muito além do que a opinião pública consegue apreender. Esse desprezo já é, em si mesmo, uma demonstração flagrante de que não houve tanta melhoria da educação como se propala. Em segundo lugar, é um sofisma bastante fraco o de analisar a distribuição da renda pela educação, em vez de analisar-se a educação pela distribuição da renda, pois qualquer pai de família sabe *quanto custa* a educação (ainda mais quando se pretende que a educação universitária seja paga). Quanto à melhor distribuição da renda entre analfabetos, bastaria mostrar, como faz abundantemente Hoffmann em seu trabalho citado neste ensaio, que a distribuição na agricultura brasileira, onde existe uma imensa massa de analfabetos, é tão ou mais desigualitária que a do setor urbano. Restaria dizer que a distribuição da renda não é uma variável que possa ser corretamente estudada tomando-se como amostra universos fechados, de trabalhadores da construção civil em oposição a trabalhadores da indústria automobilística: os verdadeiros parâmetros

nenhuma das duas partes pode abrir mão de suas próprias perspectivas: nem à burguesia se pode pedir que abra mão da perspectiva da acumulação, que é própria dela, nem às classes trabalhadoras se pode pedir que incorpore a perspectiva da acumulação que lhe é estranha. Essa situação conduz, inevitavelmente, as contradições da infraestrutura a uma posição de comando da vida política do país: a luta pelo acesso aos ganhos da produtividade por parte das classes menos privilegiadas transforma-se necessariamente em contestação ao regime, e a luta pela manutenção da perspectiva da acumulação transforma-se necessariamente em repressão. Essa dialética penetra hoje os mais recônditos lugares da vida nacional, em todas as suas dimensões, em todos os seus níveis: qualquer lugar, qualquer atividade, é hoje um campo de batalha, da música ao cinema, das atividades educacionais aos sindicatos, da oposição consentida ao partido situacionista, do pregão da Bolsa à pregação do padre; desapareceram as questões específicas de cada uma das atividades *per se*, para colocar-se como problemática indisputada a questão da manutenção do *status quo* ou o seu oposto. Melancolicamente, até mesmo a frágil oposição armada que tentou erguer-se contra o regime foi esmagada como o último apelo romântico ao sistema para que se reformasse em nome da justiça social. Nenhum determinismo ideológico pode aventurar-se a prever o futuro, mas parece muito evidente que este está marcado pelos signos opostos do *apartheid* ou da revolução social.

1972

---

de comparação não são entre duas categorias de trabalhadores, mas entre estas e seus patrões. A esse humor cínico não falta apenas graça; falta também perspectiva científica e histórica, além da compaixão, que é um dos elementos que distingue o homem das outras espécies animais.

O ORNITORRINCO

Ornitorrinco – s.m. (Do gr. *ornis, ornithos.* ave + *Rhynkhos.* bico.) *Ornithorhynchus anatinus.* Mamífero monotremo, da subclasse dos prototérios, adaptado à vida aquática. Alcança 40 cm de comprimento, tem bico córneo, semelhante ao bico de pato, pés espalmados e rabo chato. É ovíparo. Ocorre na Austrália e na Tasmânia. (Família dos ornitorrinquídeos). Encicl.
O ornitorrinco vive em lagos e rios, na margem dos quais escava tocas que se abrem dentro d'água. Os filhotes alimentam-se lambendo o leite que escorre nos pelos peitorais da mãe, pois esta não apresenta mamas. O macho tem um esporão venenoso nas patas posteriores. Este animal conserva certas características reptilianas, principalmente uma homeotermia imperfeita.

(*Grande Enciclópedia Larousse Cultural.* vol. 18.
São Paulo, Nova Cultural, 1998.)

O ORNITORRINCO[1]

De Darwin a Raúl Prebisch e Celso Furtado

A teoria do subdesenvolvimento, única elaboração original alternativa à teoria do crescimento de origem clássica, de Adam Smith e David Ricardo, não é, decididamente, uma teoria evolucionista. Sabe-se que o evolucionismo influiu praticamente em todos os campos científicos, inclusive em Marx, que nutria grande admiração pelo cientista inglês que moldou um dos mais importantes paradigmas científicos de todos os tempos, cuja predominância hoje é quase absoluta. Mas tanto Marx quanto os teóricos do subdesenvolvimento não eram evolucionistas. O primeiro porque sua teoria trabalha com rupturas, com a tríade tese-antítese-síntese, e o motor da história são os interesses concretos das

---

[1] Foi na defesa de tese de doutoramento de Caico, amigo dos tempos sombrios, conhecido socialmente como Carlos Eduardo Fernandez da Silveira, de cuja banca honrosamente fazia parte no Instituto de Economia da Universidade de Campinas em 19 de outubro de 2001, que, de repente, deu-me um estalo: a sociedade e a economia que ele descrevia, em seus impasses e combinações esdrúxulas, só podiam ser um ornitorrinco. Devo-lhe mais essa, Caicão.

classes, vale dizer a consciência, mesmo imperfeita, dos sujeitos constitutivos: "os homens fazem a história...". O evolucionismo não comporta "consciência", mas uma seleção natural pela eliminação dos menos aptos, ao acaso. Já os cepalinos[2] foram influenciados por Weber – e nas margens também por Marx –, cujo paradigma é o da singularidade, que não é uma seleção mas ação com sentido: não se trata, weberianamente, de uma "finalidade", predeterminada, que no evolucionismo aparece como sendo a da reprodução da espécie, mas sim de uma escolha. O subdesenvolvimento, assim, não se inscrevia numa cadeia de evolução que começava no mundo primitivo até alcançar, por meio de estágios sucessivos, o pleno desenvolvimento. Antes, tratou-se de uma singularidade histórica, a forma do desenvolvimento capitalista nas ex-colônias transformadas em periferia, cuja função histórica era fornecer elementos para a acumulação de capital no centro. Essa relação, que permaneceu apesar de intensas transformações, impediu-a precisamente de "evoluir" para estágios superiores da acumulação capitalista; vale dizer, para igualar-se ao centro dinâmico, conquanto lhe injetou reiteradamente elementos de atualização. O marxismo, dispondo do mais formidável arsenal de crítica à economia clássica, tem uma teoria do desenvolvimento capitalista na própria teoria da acumulação de capital, mas falhou em especificar-lhe as formas históricas concretas, sobretudo em relação à periferia. Quando o tentou, obteve alguns dos grandes resultados de caráter mais geral, com a "via prussiana" e a "revolução passiva". Mas por muito tempo um "evolucionismo" marxista esteve em larga voga, o que resultou numa raquítica teoria sobre a periferia capitalista, dentro das etapas de Stalin, do comunismo primitivo pré-classes ao comunismo pós-classes. No caso latino-americano esse "etapismo" levou a equívocos de estratégia política, e a teoria do subdesenvolvimento era considerada "reformista" e aliada do imperialismo norte-americano.

O subdesenvolvimento poderia se inscrever como um caso da "revolução passiva", que é a opção interpretativa de Carlos Nelson Coutinho e Luis Jorge

---

[2] Referente à Comissão Econômica para a América Latina (Cepal).

Werneck Vianna[3], mas de qualquer modo faltam-lhes, para se igualar à teorização do subdesenvolvimento, as específicas condições latino-americanas, vale dizer, o estatuto de ex-colônias, que lhe dá especificidade política, e o estatuto rebaixado da questão da força de trabalho, escravismo e *encomiendas*, que lhe confere especificidade social. Florestan Fernandes aproximou-se de uma interpretação na mesma linha em *A revolução burguesa no Brasil**, mas deve-se reconhecer sua dívida para com a originalidade cepalina-furtadiana. Todos, de alguma forma, incluindo-se Furtado, são devedores, na interpretação do Brasil, dos clássicos dos anos 1930, que se esmeraram em marcar a originalidade da colônia, da sociabilidade forjada pela *summa* da herança ibérica com as condições da exploração colonial fundada no escravismo.

Como singularidade e não elo na cadeia do desenvolvimento, e pela "consciência", o subdesenvolvimento não era, exatamente, uma evolução truncada, mas uma produção da dependência pela conjunção de lugar na divisão internacional do trabalho capitalista e articulação dos interesses internos. Por isso mesmo, havia uma abertura a partir da luta interna das classes, articulada com uma mudança na divisão internacional do trabalho capitalista. Algo que, no Brasil, ganhou contornos desde a Revolução de 1930 e adquiriu consistência com a chamada industrialização por substituição de importações. Celso Furtado, em *Formação econômica do Brasil*[4], fornece a chave dessa conjunção: crise mundial de 1930 e revolução interna, uma espécie de 18 de Brumário brasileiro, em que a industrialização surge como projeto de dominação por outras formas da divisão social do trabalho, mesmo às custas do derrocamento da burgue-

---

3 Ver Luis Jorge Werneck Vianna. *A revolução passiva*, Rio de Janeiro, Revan, 1997. Carlos Nelson Coutinho entende que Caio Prado Jr. já havia construído uma espécie de via específica para o capitalismo, que seria, afinal, o subdesenvolvimento, mas os desdobramentos posteriores do próprio Caio o fizeram ancorar numa teoria do colonialismo. Ver Carlos Nelson Coutinho, "Uma via não clássica para o capitalismo", in Maria da Conceição D'Incao (org.), *História e ideal. Ensaios sobre Caio Prado Jr.*, São Paulo, Unesp/Brasiliense, 1989.

* Florestan Fernandes, *A revolução burguesa no Brasil: ensaio de interpretação sociológica*", Rio de Janeiro, Zahar, 1981. (N.E.)

4 Celso Furtado, *Formação econômica do Brasil*, 25a ed., São Paulo, Cia. Editora Nacional, 1995.

sia cafeicultora do seu lugar central. O termo subdesenvolvimento não é neutro: ele revela, pelo prefixo "sub", que a formação periférica assim constituída tinha lugar numa divisão internacional do trabalho *capitalista*, portanto hierarquizada, sem o que o próprio conceito não faria sentido. Mas não é etapista no sentido tanto stalinista quanto evolucionista, que no fundo são a mesma coisa.

A *Crítica à razão dualista* tenta apanhar esses caminhos cruzados: como "crítica", ela pertence ao campo marxista, e, como especificidade, ao campo cepalino. Embora arroubos do tempo tenham-lhe inscrito invectivas contra os cepalinos, eu já me penitenciei desses equívocos, a forma tosca de ajudar a introduzir novos elementos na construção da especificidade da forma brasileira do subdesenvolvimento. Uma espécie de dívida do vício à virtude. É cepalina e marxista no sentido de mostrar como a articulação das formas econômicas subdesenvolvidas incluía a política, não como externalidade, mas como estruturante: Furtado havia tratado disso quando interpretou a resolução da crise de superprodução de café nos anos da grande crise de 1930, mas depois abandonou essa grande abertura, e o *18 Brumário* já havia ensinado aos marxistas que a política não é externa aos movimentos de classe, isto é, a classe se faz na luta de classes; mas eles também desaprenderam a lição. Retomei essas duas perspectivas para tentar entender como e por que lideranças como Vargas e suas criaturas, o Partido Trabalhista Brasileiro (PTB) e o Partido Social-Democrático, o lendário PSD, haviam presidido a industrialização brasileira, arrancando especificamente de bases rurais: o moderno, a indústria, alimentando-se do atrasado, a economia de subsistência.

Três pontos receberam atenção, para completar a forma específica do subdesenvolvimento brasileiro. O primeiro deles dizia respeito à função da agricultura de subsistência para a acumulação interna de capital. Aqui, a Cepal, Prebisch e Furtado[5] haviam empacado com a tese do setor

---

[5] De Furtado, o clássico *Formação econômica do Brasil*, cit.; de Raúl Prebisch, o não menos famoso – na verdade seminal – relatório da Cepal, "El desarrollo económico de la América Latina y algunos de sus principales problemas", in Adolfo Gurrieri, *La obra de Prebisch en la Cepal*, México, Fondo de Cultura Económica, 1982.

atrasado como obstáculo ao desenvolvimento, tese aliás que esteve muito em moda na teorização contemporânea, como a de Arthur Lewis sobre a formação do salário em condições de excesso de mão de obra. Tal tese não encontrava sustentação histórica, posto que a economia brasileira experimentou uma taxa secular de crescimento desde o século XIX, que não encontra paralelo em nenhuma outra economia capitalista no mundo[6]. E os estudos sobre o café mostraram que o modo inicial de sua expansão utilizou a agricultura de subsistência dos colonos, intercalada com o café, para prover-lhes o sustento, o que depois era incorporado pela cultura do café. Benfeitorias como "acumulação primitiva". Aliás, o próprio Furtado, ao estudar as culturas de subsistência tanto no Nordeste quanto em Minas, viu sua "função" na formação do fundo de acumulação e na expansão dos mercados a partir de São Paulo. Sustentei, então, que a agricultura atrasada financiava a agricultura moderna e a industrialização.

Aliás, o surgimento do moderno sistema bancário brasileiro, que teve em Minas um de seus principais pontos de emergência, mostrava essa relação entre as formas de subsistência e o setor mais avançado do capital, tema presente em Karl Marx na obra *A guerra civil na França**. Apontei, então, que as culturas de subsistência tanto ajudavam a baixar o custo de reprodução da força de trabalho nas cidades, o que facilitava a acumulação de capital industrial, quanto produziam um excedente não reinvertível em si mesmo, que se escoava para financiar a acumulação urbana. Um trabalho de Francisco Sá Jr., que surgiu na mesma época, explorava esse *insight* para as específicas condições da agricultura de subsistência do Nordeste. Consegui publicá-lo na *Estudos Cebrap*[7], mas nunca mais meu xará Chico voltou ao assunto, e o seu clássico estudo não voltou a ser frequentado. E Chico mesmo desapareceu, com sua figura de andarilho quase Conselheiro, logo ele, um carioca da gema, da

---

6 Angus Madison, *Monitoring the World Economy. 1820-1992*, Paris, OECD, 1995.

* São Paulo, Global, 1986. (N.E.)

7 Ver Francisco Sá Jr., "O desenvolvimento da agricultura nordestina e a função das atividades de subsistência", in Estudos Cebrap n. 3, São Paulo, Editora Brasileira de Ciências, janeiro de 1973.

velha cepa dos Sá, desde Estácio, que foi colonizador antes de nomear o melhor samba carioca.

Esse conjunto de imbricações entre agricultura de subsistência, sistema bancário, financiamento da acumulação industrial e barateamento da reprodução da força de trabalho nas cidades constituía o fulcro do processo de expansão capitalista, que havia deixado de ser percebido pela teorização cepalino-furtadiana, em que pese seu elevado teor heurístico. Tive que entrar em forte discordância com as teorias do atraso na agricultura como fator impeditivo, com a do "inchaço" das cidades como marginalidade, com a da incompatibilidade da legislação do salário mínimo com a acumulação de capital, o que não quer dizer que as considerasse fundamentos sólidos para a expansão capitalista; ao contrário, sua debilidade residia e reside ainda precisamente na má distribuição de renda que estrutura, que constituirá sério empecilho para a futura acumulação.

Daí derivou uma explicação para o papel do "exército de reserva" nas cidades, ocupado em atividades informais, que para a maior parte dos teóricos era apenas consumidor de excedente ou simplesmente lúmpen, e para mim fazia parte também dos expedientes de rebaixamento do custo de reprodução da força de trabalho urbana. O caso da autoconstrução e dos mutirões passou a ser explicativo do paradoxo de que os pobres, incluindo também os operários, sobretudo os da safra industrializante dos 1950, são proprietários de suas residências – se é que se pode chamar assim o horror das favelas –, e assim reduzem o custo monetário de sua própria reprodução[8].

Nada disso é uma adaptação darwinista às condições rurais e urbanas do processo da expansão capitalista no Brasil, nem "estratégias de sobrevivên-

---

[8] Aqui, o acaso também ajudou: ensinava Sociologia na novel Faculdade de Arquitetura e Urbanismo de Santos, com Sergio Ferro, rigor formal e paixão, e o inesquecível Rodrigo Lefèvre, o dançarino das Sandálias de Prata que a madrasta levou, e eles realizavam com outros professores uma pesquisa sobre habitação. Ali se constatava que a grande maioria dos favelados era proprietária de seus barracos: a incógnita foi resolvida com a revelação de que a construção da "propriedade" era feita em mutirões, tal como imemorialmente se fazia no campo. Aí, me caiu a ficha.

cia", para uma certa antropologia, mas basicamente as formas irresolutas da questão da terra e do estatuto da força de trabalho, a subordinação da nova classe social urbana, o proletariado, ao Estado, e o "transformismo" brasileiro, forma da modernização conservadora, ou de uma revolução produtiva sem revolução burguesa. Ao rejeitar o dualismo cepalino, acentuava-se que o específico da revolução produtiva sem revolução burguesa era o caráter "produtivo" do atraso como condômino da expansão capitalista. O subdesenvolvimento viria a ser, portanto, a forma da exceção permanente do sistema capitalista na sua periferia. Como disse Walter Benjamin, os oprimidos sabem do que se trata. O subdesenvolvimento finalmente é a exceção sobre os oprimidos: o mutirão é a autoconstrução como exceção da cidade, o trabalho informal como exceção da mercadoria, o patrimonialismo como exceção da concorrência entre os capitais, a coerção estatal como exceção da acumulação privada, keynesianismo *avant la lettre*. De resto, esta última característica também está presente nos "capitalismos tardios"[9]. O caráter internacional do subdesenvolvimento, na exceção, reafirma-se com a coerção estatal, utilizada não apenas nos "capitalismos tardios", mas de forma reiterada e estruturante no pós-depressão de 1930.

A singularidade do subdesenvolvimento poderia ser resolvida não evolucionisticamente a partir de suas próprias contradições, à condição de que a vontade das classes soubesse aproveitar a "riqueza da iniquidade" de ser periferia. A inserção na divisão internacional do trabalho capitalista, reiterado a cada ciclo de modernização, propiciaria os meios técnicos modernos, capazes de fazer "queimar etapas", como os períodos Vargas e Kubitschek mostraram. O crescimento da organização dos trabalhadores poderia levar à liquidação da alta exploração propiciada pelo custo rebaixado da força de trabalho. A reforma agrária poderia liquidar tanto com a fonte fornecedora do "exército de reserva" das cidades quanto o poder patrimonialista. Mas faltou o outro lado, isto é, que o projeto emancipador fosse compartilhado pela burguesia nacional,

---

[9] Ver José Luis Fiori (org.), *Estados e moedas no desenvolvimento das nações,* Coleção Zero à Esquerda, Petrópolis, Vozes, 1999, especialmente a segunda parte "'Os capitalismos tardios' e sua projeção global".

o que não se deu. Ao contrário, esta voltou as costas à aliança com as classes subordinadas, ela mesma já bastante enfraquecida pela invasão de seu reduto de poder de classe pela crescente internacionalização da propriedade industrial, sobretudo nos ramos novíssimos[10]. O golpe de Estado de 1964, contemporâneo dos outros na maioria dos países latino-americanos, derrotou a possibilidade aberta.

A longa ditadura militar de 1964 a 1984 prosseguiu, agora nitidamente, com a "via prussiana": fortíssima repressão política, mão de ferro sobre os sindicatos, coerção estatal no mais alto grau, aumentando a presença de empresas estatais numa proporção com que nenhum nacionalista do período anterior havia sonhado, abertura ao capital estrangeiro, industrialização a "marcha forçada" – a expressão é de Antonio Barros de Castro –, e nenhum esforço para liquidar com o patrimonialismo nem resolver o agudo problema do financiamento interno da expansão do capital, que já havia se mostrado como o calcanhar de aquiles da anterior configuração de forças. O endividamento externo apareceu então como a "solução", e por esse lado abriu as portas à financeirização da economia e das contas do Estado brasileiro, que ficou patente no último governo militar da ditadura, sob o mesmo czar das finanças que havia imperado no período do "milagre" brasileiro, que, talvez por ter Antonio no nome, fosse considerado milagreiro. Revelou-se um enorme farsante.

Sob o signo de Darwin: o ornitorrinco

Como é o ornitorrinco? Altamente urbanizado, pouca força de trabalho e população no campo, *dunque* nenhum resíduo pré-capitalista; ao

---

[10] Deste ponto de vista, o livro de Fernando Henrique Cardoso, *Empresário industrial e desenvolvimento econômico*, 2ª ed., São Paulo, Difel, 1972, reconhecia que a burguesia industrial nacional preferia a aliança com o capital internacional. Trata- se talvez do que de melhor o ex-sociólogo, hoje ex-presidente e eterno candidato ao Planalto, produziu academicamente. Roberto Schwarz sustenta a tese de que, na Presidência, Cardoso implementou exatamente suas conclusões deste livro; já que a burguesia nacional havia renunciado a um projeto nacional, ele enveredou decididamente para integrar o país na globalização.

contrário, um forte *agrobusiness*. Um setor industrial da Segunda Revolução Industrial completo, avançando, tatibitate, pela Terceira Revolução, a molecular-digital ou informática. Uma estrutura de serviços muito diversificada numa ponta, quando ligada aos estratos de altas rendas, a rigor, mais ostensivamente perdulários que sofisticados; noutra, extremamente primitiva, ligada exatamente ao consumo dos estratos pobres. Um sistema financeiro ainda atrofiado, mas que, justamente pela financeirização e elevação da dívida interna, acapara uma alta parte do PIB, cerca de 9% em 1998, quando economias que são o centro financeiro do capitalismo globalizado alcançaram apenas 4% (Estados Unidos), 6% (Reino Unido), 4% (Alemanha), 4,2% (França)[11]. Em contrapartida, os créditos bancários totais sobre o PIB foram de apenas 28% em 2001 e já haviam caído para 23% no primeiro trimestre de 2003; países desenvolvidos têm proporções que vão dos 186%, no Japão, 146% para os Estados Unidos e até 80% para a Itália. Como o crédito financia a circulação de mercadorias, e por essa via, indiretamente, a acumulação de capital, é fácil perceber o significado de um sistema bancário fraco[12]. Em termos da PEA ocupada, fraca e declinante participação da PEA rural, força de trabalho industrial que chegou ao auge na década de 1970, mas decrescente também, e explosão continuada do emprego nos serviços. Mas esta é a descrição de um animal cuja "evolução" seguiu todos os passos da família! Como primata ele já é quase *Homo sapiens*!

[11] O dado brasileiro é do IBGE, Sistema de Contas Nacionais, e os dos países citados, médias do período 1985/1991, foram retirados de Fernando J. Cardim de Carvalho, do site http://www.mre.gov.br/cdbrasil/itamaraty/web/port/economia/sistfin/apresent/index.htm. O dado brasileiro já é do período de baixa inflação, após o Plano Real, com o que já não sofre a influência da inflação, que distorce o cálculo do produto do setor financeiro, de si já metodologicamente difícil. Só para comparar, em 1993 o produto do setor financeiro chegou à estimativa de 32,8% do PIB brasileiro.

[12] Dados para o Brasil, Bacen, e para os outros países, FMI. *Folha de S.Paulo*, Caderno Dinheiro, 31 de maio de 2003. A alta proporção do setor financeiro no PIB é devida, pela confrontação das duas proporções, ao serviço da dívida interna do governo pago aos bancos e, nestes, ao alto spread tanto para os empréstimos ao governo quanto para pessoas, famílias e setor privado.

Parece dispor de "consciência", pois se democratizou há já quase três décadas. Falta-lhe, ainda, produzir conhecimento, ciência e técnica: basicamente segue copiando, mas a decifração do genoma da *Xylella fastidiosa*[13] mostra que não está muito longe de avanços fundamentais no campo da biogenética; espera-se apenas que não resolva se autoclonar, perpetuando o ornitorrinco. Onde é que está falhando a "evolução"? Na circulação sanguínea: a alta proporção da dívida externa sobre o PIB demonstra que sem o dinheiro externo a economia não se move. É um adiantamento formidável: em 2001 o total da dívida externa sobre o PIB alcançou alarmantes 41% e o mero serviço dela, juros sobre o PIB, 9,1%. Há poucas economias capitalistas assim; talvez os Estados Unidos acusem uma proporção igualmente grande, com uma diferença radical: o sangue, o dólar, que circula internacionalmente e volta aos EUA é seu próprio sangue, já que é o país emissor. Desse ponto de vista, a "evolução" regrediu: não se trata mais do subdesenvolvimento, mas de algo parecido apenas com a situação pré-crise de 1930, quando o serviço da dívida, vale dizer, o pagamento dos juros mais as amortizações do principal, comiam toda a receita de exportação[14]! Mas há uma diferença fundamental: se no pré-1930 as exportações de café eram toda a economia brasileira, agora trata-se de uma economia industrial, voltando-se, no entanto, à mesma situação de subordinação financeira[15].

---

13 Mariluce Moura, "O novo produto brasileiro", *Pesquisa,* n. 55, São Paulo, Fapesp, julho de 2000.

14 Ver Anibal Vilanova Vilella e Wilzon Suzigan, *Política do governo e crescimento da economia brasileira 1889-1945*, Rio de Janeiro, Ipea, 1973; no meu artigo "A emergência do modo de produção de mercadorias: uma interpretação teórica da economia da República Velha no Brasil" (in Boris Fausto, org., *História geral da civilização brasileira*, III O Brasil republicano. I. Estrutura de poder e economia (1889-1930). Cap. VII, São Paulo, Difel, 1975), dei relevo à pesquisa de Vilella e Suzigan, para definir o caráter violentíssimo da crise.

15 Nestes dias, do último trimestre de 2002 até março de 2003, os empréstimos externos que financiam as exportações brasileiras secaram, devido à conjunção de uma série de fatores políticos e econômicos, e o dólar deu uma disparada indo até a estratosfera, com uma desvalorização do real da ordem de 30%. Passada a turbulência política, voltaram os financiamentos externos e o dólar despencou na mesma proporção. A dependência financeira é dramática e praticamente irreversível, e de uma volatilidade espantosa.

Essa dependência financeira externa cria, também, uma dívida financeira interna igualmente espantosa, como a única política capaz de enxugar a liquidez interna produzida exatamente pelo ingresso de capitais especulativos. Mas é também um adiantamento sobre a produção futura, de modo que somando as dívidas interna e externa chega-se à conclusão de que para produzir um PIB anual é preciso endividar-se na mesma proporção. Essa é a reiteração da financeirização da economia.

No passado, no subdesenvolvimento, o "informal" poderia ser uma situação passageira, a transição para a formalização completa das relações salariais, o que chegou a mostrar-se nos últimos anos da década de 1970[16]; na minha própria interpretação, tratava-se de uma forma que combinava acumulação insuficiente com o privilegiamento da acumulação propriamente industrial. Em termos teóricos, tratava-se de uma forma *aquém do valor*, isto é, utilizava-se a própria mão de obra criada pelo movimento em direção às cidades – e não de uma reserva pré-capitalista – para prover de serviços as cidades que se industrializavam.

Avassalada pela Terceira Revolução Industrial, ou molecular-digital, em combinação com o movimento da mundialização do capital, a produtividade do trabalho dá um salto mortal em direção à plenitude do trabalho abstrato. Em sua dupla constituição, as formas concretas e a "essência" abstrata, o consumo das forças de trabalho vivas encontrava obstáculos, a porosidade entre o tempo de trabalho total e o tempo de trabalho da produção. Todo o crescimento da produtividade do trabalho é a luta do capital para encurtar a distância entre essas duas grandezas. Teoricamente, trata-se de transformar todo o tempo de trabalho em trabalho não pago; parece coisa de feitiçaria, e é o fetiche em sua máxima expressão. Aqui, fundem-se mais-valia absoluta e relativa: na forma absoluta, o trabalho informal não produz mais do que uma reposição constante, por produto, do que seria o salário; e

[16] Ver Elson Luciano Silva Pires, *Metamorfoses e regulação: o mercado de trabalho do Brasil nos anos oitenta*, Tese de doutoramento, Departamento de Sociologia, Faculdade de Filosofia, Letras e Ciências Humanas – Universidade de São Paulo, São Paulo, 1995.

o capital usa o trabalhador somente quando necessita dele; na forma relativa, é o avanço da produtividade do trabalho nos setores *hard* da acumulação molecular digital que permite a utilização do trabalho informal. A contradição: a jornada da mais-valia relativa deveria ser de diminuição do trabalho não pago, mas é o seu contrário, pela combinação das duas formas. Então, graças à produtividade do trabalho, desaparecem os tempos de não trabalho: todo o tempo de trabalho é tempo de produção.

Roberto Schwarz, meu leitor generoso, mas rigoroso, sugeriu-me explicar e desdobrar melhor o argumento da síntese entre mais-valia absoluta e relativa, o que tento fazer agora. Marx chamou os salários de "capital variável", exatamente porque se trata de um adiantamento do capitalista aos trabalhadores; é "variável" porque sua resultante na formação da mais-valia depende das proporções de emprego da mão de obra e dos tempos de trabalho pago e não pago. Além disso, no lucro como recuperação da mais-valia, ela depende da realização ou não do valor. Ora, a tendência moderna do capital é a de suprimir o adiantamento de capital: o pagamento dos trabalhadores não será um adiantamento do capital, mas dependerá dos resultados das vendas dos produtos-mercadorias. Nas formas da terceirização, do trabalho precário, e, entre nós, do que continua a se chamar "trabalho informal", está uma mudança radical na determinação do capital variável. Assim, por estranho que pareça, os rendimentos dos trabalhadores agora dependem da realização do valor das mercadorias, o que não ocorria antes; nos setores ainda dominados pela forma-salário, isso continua a valer, tanto assim que a reação dos capitalistas é desempregar força de trabalho. Mas o setor informal apenas anuncia o futuro do setor formal. O conjunto de trabalhadores é transformado em uma soma indeterminada de exército da ativa e da reserva, que se intercambiam não nos ciclos de negócios, mas diariamente. Daí, termina a variabilidade do capital antes na forma de adiantamento do capitalista. É quase como se os rendimentos do trabalhador agora dependessem do lucro dos capitalistas. Disso decorrem todos os novos ajustamentos no estatuto do trabalho e do trabalhador, forma própria do capitalismo globalizado. Como "capital variável", os salários eram um "custo"; como dependentes da venda das mercadorias/produtos, os rendimentos do trabalho, que não são mais adiantamento do capital, já não são "custo".

Disso decorre que os postos de trabalho não podem ser fixos, que os trabalhadores não podem ter contratos de trabalho, e que as regras do Welfare tornaram-se obstáculos à realização do valor e do lucro, pois persistem em fazer dos salários – e dos salários indiretos – um adiantamento do capital e um "custo" do capital. Mas o fenômeno que preside tudo é a enorme produtividade do trabalho: se o capital não podia igualar tempo de trabalho a tempo de produção pela existência de uma jornada de trabalho, e pelos direitos dos trabalhadores, então se suprime a jornada de trabalho e com ela os direitos dos trabalhadores, pois já não existe medida de tempo de trabalho sobre o qual se ergueram os direitos do Welfare, ou os direitos do AntiValor, como Paulo Arantes batizou o conjunto de textos que escrevi sobre o tema[17]. No fundo, só a plena validade da mais-valia relativa, isto é, de uma altíssima produtividade do trabalho, é que permite ao capital eliminar a jornada de trabalho como mensuração do valor da força de trabalho, e com isso utilizar o trabalho abstrato dos trabalhadores "informais" como fonte de produção de mais-valor. Este é o lado contemporâneo não dualista da acumulação de capital na periferia, mas que começa a se projetar também no núcleo desenvolvido.

Os serviços são o lugar da divisão social do trabalho onde essa ruptura já aparece com clareza. Cria-se uma espécie de "trabalho abstrato virtual". As formas "exóticas" desse trabalho abstrato virtual estão ali onde o trabalho aparece como diversão, entretenimento, comunidade entre trabalhadores e consumidores: nos *shopping centers*. Mas é na

---

[17] Agradeço enormemente a Roberto Schwarz pela sugestão de melhorar a explicação teórica da nova forma de mais-valia – que não sei se consegui – e a Paulo Arantes pelo título do livro que ele publicou na Coleção Zero à Esquerda. A tentativa de resolução está, evidentemente, baseada em Marx, na Sección Tercera "La producción de la plusvalia absoluta" e Sección Cuarta "La producción de la plusvalia relativa" de *El capital, Crítica de la economia política*, vol. 1, 8ª reimpresión, trad. Wenceslao Roces, México, Fondo de Cultura Económica, 1973.

informação que reside o trabalho abstrato virtual. O trabalho mais pesado, mais primitivo, é também lugar do trabalho abstrato virtual. Sua forma, uma fantasmagoria, um não lugar, um não tempo, que é igual a tempo total. Pense-se em alguém em sua casa, acessando sua conta bancária pelo seu computador, fazendo o trabalho que antes cabia a um bancário: de que trabalho se trata? Por isso, conceitos como formal e informal já não têm força explicativa. O subdesenvolvimento pareceria ser uma evolução às avessas: as classes dominantes, inseridas numa divisão do trabalho que opunha produtores de matérias-primas a produtores de bens de capital, optavam por uma forma da divisão de trabalho interna que preservasse a dominação: "consciência" e não acaso. Ficava aberta a porta da transformação.

Hoje, o ornitorrinco perdeu a capacidade de escolha, de "seleção", e por isso é uma evolução truncada: como sugere a literatura da economia da tecnologia, o progresso técnico é incremental; tal literatura é evolucionista, neoschumpeteriana[18]. Sendo incremental, ele depende fundamentalmente da acumulação científico-tecnológica anterior. Enquanto o progresso técnico da Segunda Revolução Industrial permitia saltar à frente, operando por rupturas sem prévia acumulação técnico-científica, por se tratar de conhecimento difuso e universal, o novo conhecimento técnico-científico está trancado nas patentes, e não está disponível nas prateleiras do supermercado das inovações. E ele é descartável, efêmero, como sugere Derrida[19]. Essa combinação de descartabilidade, efemeridade e progresso incremental corta o passo às economias e sociedades que permanecem no rastro do conhecimento técnico-científico. Assim, a decifração do genoma da *Xylella fastidiosa*

---

[18] Ver, para essa interessantíssima discussão, a tese de Carlos Eduardo Fernandez da Silva, o Caico, *Desenvolvimento tecnológico no Brasil: autonomia e dependência num país industrializado periférico*, Instituto de Economia da Universidade Estadual de Campinas, Campinas, 2001.

[19] Apud Laymert Garcia dos Santos, "Biotecnologia, biodiversidade: passagem para o molecular global", Relatório de pesquisa subprojeto 9, Projeto temático Fapesp "Cidadania e Democracia: as rupturas no pensamento da política", São Paulo, Cenedic/FFLCH-USP, 2002.

tem tudo para ser apenas um ornamento, a exibição orgulhosa da capacidade dos pesquisadores brasileiros, de um nicho muito especial, mas não a regra da produção do conhecimento.

A revolução molecular-digital anula a fronteira entre ciência e tecnologia: as duas são trabalhadas agora num mesmo processo, numa mesma unidade teórico-metodológica. Faz-se ciência fazendo tecnologia e vice-versa. Isso implica que não há produtos tecnológicos disponíveis, à parte, que possam ser utilizados sem a ciência que os produziu. E o inverso: não se pode fazer conhecimento científico sem a tecnologia adequada: a fabricação das bombas atômica e de hidrogênio e as correspondentes produções de energia nuclear – a de fusão ainda não lograda completamente – já indicavam essa anulação, essa ultrapassagem. A revolução molecular-digital deleta – para usar um termo informático – definitivamente essa barreira. O que sobra como produtos tecnológicos são apenas bens de consumo.

Do ponto de vista da acumulação de capital, isso tem fundas consequências. A primeira e mais óbvia é que os países ou sistemas capitalistas subnacionais periféricos podem apenas copiar o descartável, mas não copiar a matriz da unidade técnico-científica; uma espécie de eterna corrida contra o relógio. A segunda, menos óbvia, é que a acumulação que se realiza em termos de cópia do descartável também entra em obsolescência acelerada, e nada sobra dela, ao contrário da acumulação baseada na Segunda Revolução Industrial. Isso exige um esforço de investimento sempre além do limite das forças internas de acumulação, o que reitera os mecanismos de dependência financeira externa. Mas o resultado fica sempre aquém do esforço: as taxas de acumulação, medidas pelo coeficiente da inversão sobre o PIB, são declinantes, e declinantes também as taxas de crescimento[20]. Em termos bastante utilizados pelos cepalinos, a relação produto-capital se

---

[20] Perry Anderson trabalha essa contradição para mostrar como, apesar de todas as "reformas" neoliberais, as taxas de investimento e de crescimento do PIB jamais recuperaram o vigor do período 1950-1970 nos países centrais. Ver "Balanço do neoliberalismo", in Emir Sader (org.), *Pós-neoliberalismo: as políticas sociais e o Estado democrático*, São Paulo/Rio de Janeiro, Paz e Terra, 1995.

deteriora: para obter cada vez menos produto, faz-se necessário cada vez mais capital[21]. E a contradição se agudiza porque a mundialização introduz aumento da produtividade do trabalho sem acumulação de capital, justamente pelo caráter divisível da forma técnica molecular-digital, do que resulta a permanência da má distribuição da renda. Exemplificando mais uma vez, os vendedores de refrigerantes às portas dos estádios viram sua produtividade aumentada graças ao *just-in-time* de fabricantes e distribuidores de bebidas; mas, para realizar o valor de tais mercadorias, a forma do trabalho dos vendedores é a mais primitiva. Combinam-se, pois, acumulação molecular-digital e o puro uso da força de trabalho.

A superação da descartabilidade/efemeridade imporia um esforço descomunal de pesquisa científico-tecnológica, aumentando-se o coeficiente de P&D ou C&T sobre o PIB em algumas vezes, para saltar à frente da produção científico-tecnológica. Ainda segundo Carlos Fernandez da Silveira – o responsável pelo ornitorrinco –, o coeficiente brasileiro para 1997 era de meros 1,5%. A acumulação de capital para realizar um salto dessas proporções significaria elevar muito o coeficiente de inversão sobre o PIB em período longo, a partir da base atual, que era de quase 18% em 1999, e sobretudo mudar o *mix* da inversão, com maior proporção de C&D[22]. Em alguns períodos da história, diversos subsistemas econômicos nacionais realizaram tal façanha, à custa de

21 Nos dias de hoje, está em discussão a possibilidade de o Brasil produzir sua própria televisão digital ou copiar o que está disponível internacionalmente. Uma terceira opção, variante da primeira, seria entrar num consórcio científico-tecnológico com a China. A posição do ministro da Fazenda, o hoje controvertido Antonio Palocci, é de que não vale a pena, pois exigiria bilhões de reais de investimento para um retorno precário, dadas as reduzidas dimensões do mercado brasileiro, e o fato de que, no sistema de patentes e sob a vigilância da Organização Mundial do Comércio, pensar em exportação da televisão digital brasileira é uma quimera perigosa. Tal dilema já havia aparecido no caso da televisão em cores, que foi resolvido mediante a adoção dos padrões Palm-M e o NSPC, isto é, cópias descartáveis. Não houve esforço científico-tecnológico nacional para criar um padrão original, mas apenas adaptação.

22 Dados extraídos da *Revista BNDES*, Rio de Janeiro, vol. 8, n. 15, junho de 2001.

enorme repressão política, de uma economia de monge franciscano, com total irrelevância da produção de bens de consumo. Foi o caso japonês, por exemplo, que, de tanto sua população acostumar-se a poupar, o Japão dispõe hoje de uma enorme poupança que não se transforma em investimento; mesmo o consumo de todos os *gadgets* eletrônicos – cuja produção já foi deslocada até para a China – não consegue gastar a renda dos nipônicos; outro é o da União Soviética, em que a produção de bens de consumo foi totalmente desprezada, gerando a incapacidade da agricultura soviética que, nos últimos anos do regime socialista, já significava fome. No caso soviético, a forma técnica da acumulação de capital da Segunda Revolução Industrial permitiu o extraordinário avanço ocorrido, mas, por sua indivisibilidade, não permitiu sua utilização na produção de bens-salário: equipamento para siderurgia não produz pães[23]. O paradoxo é que a acumulação de capital nas formas da Segunda Revolução Industrial podia avançar utilizando o conhecimento técnico-científico disponível, mas elas – as formas – eram indivisíveis; na revolução molecular-digital, as formas são divisíveis, mas o conhecimento técnico-científico é indivisível na unidade C&D.

Não parece ser o caso do Brasil, onde nos melhores anos kubitschekianos chegou-se aos 22% de investimento sobre o PIB; a ditadura militar, para elevar o coeficiente de investimento, financiou-se externamente, gerando a enorme dívida que se transformou em fator de coerção do

---

[23] Na discussão teórica dos anos 1950, o "modelo" adotado pela então União Soviética parecia lhe dar vantagem, como teorizaram Maurice Dobb e Nicholas Kaldor, pois os bens de capital puxavam a economia; mas não se prestou a devida atenção teórica às indivisibilidades das formas técnicas da Segunda Revolução Industrial, que finalmente constituiu-se no gargalo da experiência soviética. A equação keynesiana, P = C + S ou I, significa dizer que no caso soviético a prioridade para as indústrias pesadas, indivisíveis, não tinha como não penalizar o consumo, embora produzisse um crescimento global espantoso na época dos Planos Quinquenais. A indivisibilidade mostrava-se, por exemplo, no famoso dilema com que Paul Samuelson abria seu conhecido manual de keynesianismo neoclassicizado, que formou gerações: qual a escolha, produzir pão ou canhões? Paul A. Samuelson, *Introdução* à *análise econômica*, vol. I, Rio de Janeiro, Agir, 1955, p. 22-3.

crescimento e de subordinação financeira internacional. Como a acumulação incremental tem que se realizar permanentemente, não havendo um *day after* quando já não se precisaria de altas taxas de investimento, não parece algo à mão para um país que acaba de criar um programa de Fome Zero pelas mui prosaicas e terríveis razões de uma distribuição de renda incomensuravelmente desigualitária.

Aterrissando na periferia, o efeito desse espantoso aumento da produtividade do trabalho, desse trabalho abstrato virtual, não pode ser menos que devastador. Aproveitando a enorme reserva criada pela própria industrialização, como "informal", a acumulação molecular-digital não necessitou desfazer drasticamente as formas concreto-abstratas do trabalho, senão em seus reduzidos nichos fordistas. Realiza, então, o trabalho de extração de mais-valia sem nenhuma resistência, sem nenhuma das porosidades que entravavam a completa exploração.

A tendência à formalização das relações salariais estancou nos anos 1980, e expandiu-se o que ainda é impropriamente chamado de trabalho informal. Entroncando com a chamada reestruturação produtiva, assiste-se ao que Castel chama a "desfiliação", isto é, a desconstrução da relação salarial[24], que se dá em todos os níveis e setores. Terceirização, precarização, flexibilização, desemprego a taxas de 20,6 % na Grande São Paulo – dados para abril de 2003, pesquisa Seade-Dieese para São Paulo (*Folha de S.Paulo*, 29 de maio de 2003) –, e não tão contraditoriamente como se pensa, ocupação, e não mais emprego: grupos de jovens nos cruzamentos vendendo qualquer coisa, entregando propaganda de novos apartamentos, lavando-sujando vidros de carros, ambulantes por todos os lugares; os leitos das tradicionais e bancárias e banqueiras ruas Quinze de Novembro e Boa Vista em São Paulo transformaram-se em tapetes de quinquilharias; o entorno do formoso e iluminadíssimo Teatro Municipal de São Paulo – não mais formoso que o Municipal do Rio de Janeiro, anote-se – exibe o teatro de uma sociedade derrotada, um bazar multiforme onde a cópia pobre

---

[24] Robert Castel, *As metamorfoses da questão social: uma crônica do salário*, Coleção Zero à Esquerda, Petrópolis, Vozes, 1998.

do bem de consumo de alto nível é horrivelmente *kitsch*, milhares de vendedores de coca-cola, guaraná, cerveja, água mineral, nas portas dos estádios duas vezes por semana[25]. Pasmemos teoricamente: trata-se de trabalho abstrato virtual. Políticas piedosas tentam "treinar" e "qualificar" essa mão de obra, num trabalho de Sísifo, jogando água em cesto, acreditando que o velho e bom trabalho com carteira voltará quando o ciclo de negócios se reativar[26]. Será o contrário: quando se reativar, e isso ocorrerá de forma intermitente, sem sustentabilidade previsível, então em cada novo período de crescimento o trabalho abstrato virtual se instalará mais fundamente.

O ornitorrinco é uma das sociedades capitalistas mais desigualitárias – mais até que as economias mais pobres da África que, a rigor, não podem ser tomadas como economias capitalistas –, apesar de ter experimentado as taxas de crescimento mais expressivas em período longo[27]; sou tentado a dizer com a elegância francesa, *et pour cause*. As determinações mais evidentes dessa contradição residem na combinação do estatuto rebaixado da força de trabalho com dependência externa. A primeira sustentou uma forma de acumulação que financiou a expansão, isto é, o subdesenvolvimento, conforme interpretado neste *Crítica à razão dualista*, mas combinando-se com a segunda produziu um mercado interno apto apenas a consumir cópias, dando como resultado uma reiteração não virtuosa.

Com a revolução molecular-digital como forma técnica principal da acumulação de capital, o fatiamento digital do mercado pode prosseguir sem que dê lugar a crises de realização, derivadas de uma superacumu-

---

[25] Alvaro Comin realizou uma interessantíssima pesquisa justamente na região metropolitana de São Paulo, onde todas essas tendências aparecem como nova regra. Ver sua tese de doutorado, *Mudanças na estrutura ocupacional do mercado de trabalho em São Paulo*, São Paulo, Universidade de São Paulo, Faculdade de Filosofia, Letras e Ciências Humanas, Departamento de Sociologia, 2003.

[26] Em todos os cursos dessas "requalificações", treinam-se trabalhadores em informática, o "ai Jesus" do novo trabalhador polivalente: não há nada tão trágico, pois se ensina a própria matriz da descartabilidade.

[27] Ver Angus Madison, op. cit.

lação; estas ocorrem apenas quando a espantosa concentração de renda desacelera; do ponto de vista do consumo popular, apesar das críticas bem-intencionadas, não se chega a crises de realização: o fatiamento digital é capaz de descer aos infernos da má distribuição da renda. Crises de superacumulação podem ocorrer tão somente como problemas da concorrência oligopolística, como hoje com as telecomunicações, depois das grandes privatizações. Tendo ganho o filé-mignon das telecomunicações graças ao financiamento estatal, algumas gigantes mundiais da telecomunicação lançaram-se a uma concorrência predatória, instalando sistemas de telefonia móvel e rebaixando o preço dos telefones celulares – e aumentando as importações –, mas logo depararam com o obstáculo da distribuição da renda das camadas mais pobres. Todas as formas dos produtos da revolução molecular-digital podem chegar até os estratos mais baixos de renda, como bens de consumo duráveis: as florestas de antenas, inclusive parabólicas, sobre os barracos das favelas é sua melhor ilustração. Falta dizer, ao modo frankfurtiano, que essa capacidade de levar o consumo até os setores mais pobres da sociedade é ela mesma o mais poderoso narcótico social. Celso Furtado já havia advertido para isso, mas a meu ver pôs o acento na importação de padrões de consumo predatórios, ao invés de ver na distribuição de renda o motor determinante[28]. Seu último pequeno grande livro corrigiu para melhor sua advertência[29].

A organização dos trabalhadores poderia operar a transformação da estrutura desigualitária da distribuição da renda, tal como ocorreu nos subsistemas nacionais europeus do Welfare State. A expansão das relações assalariadas seria o vetor por onde a organização ganharia materialidade, o que de fato ocorreu precariamente até os anos 1970. Já a crise do golpe militar de 1964 anunciava que as organizações de trabalhadores já não eram simples "correias de transmissão" da dominação chamada

[28] Ver Celso Furtado, *Subdesenvolvimento e estagnação na América Latina*, Rio de Janeiro, Civilização Brasileira, 1966; e *Análise do "modelo" brasileiro*, Rio de Janeiro, Civilização Brasileira, 1972.

[29] Celso Furtado, *Em busca de novo modelo: reflexões sobre a crise contemporânea*, São Paulo, Paz e Terra, 2002.

"populista" pela literatura sociológica-política[30]. A eclosão dos grandes movimentos sindicais nos anos 1970, de que resultou, em grande medida, o Partido dos Trabalhadores, parecia indicar um caminho "europeu"[31]; medindo-se as proporções do salário e do lucro na renda nacional, a divisão funcional da renda, anotava-se uma melhoria na distribuição, e a vocação de universalizador das demandas do mundo do trabalho que passou a ser exercida pelos sindicatos "autênticos" – ABC em São Paulo, petroleiros e bancários por todo o Brasil – parecia ter tudo para expandir a relação salarial e seus correlatos, na Seguridade Social e nas formas do salário indireto. As empresas estatais adiantaram-se sob esse aspecto – importa não esquecer que os petroleiros eram uma categoria também de "funcionários públicos" inserida na produção de mercadorias – de que resultaram os grandes fundos de pensão.

Esse movimento deteve-se nos anos 1980 e entrou em franca regressão a partir dali. As forças do trabalho já não têm "força" social, erodida pela reestruturação produtiva e pelo trabalho abstrato-virtual e "força" política, posto que dificilmente tais mudanças na base técnico-material da produção deixariam de repercutir na formação da classe. Embora na linha thompsoniana trabalhador não seja apenas um lugar na produção,

---

[30] Já está se impondo a revisão dessa literatura, que tomou o populismo como formas quase fascistas na América Latina e sustentava-se numa presumida passividade do operariado. Ver Alexandre Fortes, "Trabalhismo e populismo: novos contornos de um velho debate" (inédito); Jorge Ferreira (org.), *O populismo e sua história: debate e crítica*, Rio de Janeiro, Civilização Brasileira, 2001. O recente *Operários sem patrões: os trabalhadores da cidade de Santos no entreguerras*, de Fernando Teixeira da Silva, Campinas, Editora da Unicamp, 2003, é uma excelente contribuição para a revisão da tese da passividade.

[31] Havia ali uma contradição: o movimento sindicalista que foi chamado "autêntico" – por oposição aos pelegos saídos das intervenções da ditadura nos grandes sindicatos, caso clássico dos metalúrgicos de São Paulo – praticava um sindicalismo à americana, com negociações que se centravam nas empresas e depois se espraiavam, justamente porque eram empregados das grandes multinacionais, sobretudo no setor automotivo que sempre liderou São Bernardo. A ditadura e a crise do "milagre brasileiro", com a crise da dívida externa e a incapacidade de as montadoras jogarem os reajustes de preços dos automóveis para os consumidores via dívida externa, levaram o sindicalismo com vocação americana para mais perto do modelo europeu.

inegavelmente há que concordar com Perry Anderson: sem esse lugar, ninguém é trabalhador, operário. A representação de classe perdeu sua base e o poder político a partir dela estiolou-se. Nas específicas condições brasileiras, tal perda tem um enorme significado: não está à vista a ruptura com a longa "via passiva" brasileira, mas já não é mais o subdesenvolvimento.

A estrutura de classes também foi truncada ou modificada: as capas mais altas do antigo proletariado converteram-se, em parte, no que Robert Reich chamou de "analistas simbólicos"[32]: são administradores de fundos de previdência complementar, oriundos das antigas empresas estatais, dos quais o mais poderoso é o Previ, dos funcionários do Banco do Brasil, ainda estatal; fazem parte de conselhos de administração, como o do BNDES, a título de representantes dos trabalhadores. A última floração do Welfare brasileiro, que se organizou basicamente nas estatais, produziu tais fundos, e a Constituição de 1988 instituiu o Fundo de Amparo ao Trabalhador (FAT) – o maior financiador de capital de longo prazo no país, justamente operando no BNDES[33]. Tal simulacro produziu o que Robert Kurz chamou de "sujeitos monetários"[34]: trabalhadores que ascendem a essas funções[35] estão preocupados com a rentabilidade de tais fundos, que ao mesmo tempo financiam a reestruturação produtiva que produz desemprego. Sindicatos de trabalhadores do setor privado também já estão organizando seus próprios fundos de previdência complementar, na esteira daqueles das estatais. Ironicamente, foi assim que

---

[32] Ver Robert Reich, *The Work of Nations*, Nova York, Vintage Books, 1992.

[33] Em 1998/1999, a média dos recursos do FAT no passivo total do BNDES foi de 37%, e ao longo da década, elevou-se de 2% em 1989 para 40% em 1999, mostrando a dependência do banco estatal de desenvolvimento dos recursos de propriedade dos trabalhadores com carteira. Fonte: *Relatório de atividades do BNDES de 1994 a 1999*. Por sua vez, a participação dos desembolsos do BNDES na Formação Bruta de Capital Fixo, vale dizer, na inversão total, cresceu de 3,25% em 1990 para 6,26% em 1998 e 5,93 % em 1999. Fonte: *Revista BNDES*, Rio de Janeiro, vol. 8, n. 15, junho de 2001.

[34] Robert Kurz, *Os últimos combates*, Coleção Zero à Esquerda, Petrópolis, Vozes, 1999.

[35] A imprensa contou entre quinze e dezoito aviões executivos, conjunto que incluía pequenos jatinhos, em recente festa de aniversário de dirigente financeiro da campanha do PT. Não se sabia que trabalhadores possuíam aviões, e tantos...

a Força Sindical conquistou o sindicato da então Siderúrgica Nacional, que era ligado à CUT, formando um "clube de investimento" para financiar a privatização da empresa; ninguém perguntou depois o que aconteceu com as ações dos trabalhadores, que ou viraram pó ou foram açambarcadas pelo grupo Vicunha, que controla a Siderúrgica. É isso que explica recentes convergências pragmáticas entre o PT e o PSDB, o aparente paradoxo de que o governo de Lula realiza o programa de FHC, radicalizando-o: não se trata de equívoco, nem de tomada de empréstimo de programa, mas de uma verdadeira nova classe social, que se estrutura sobre, de um lado, técnicos e economistas *doublés* de banqueiros, núcleo duro do PSDB, e trabalhadores transformados em operadores de fundos de previdência, núcleo duro do PT[36]. A identidade dos dois casos reside no controle do acesso aos fundos públicos, no conhecimento do "mapa da mina"[37]. Há uma rigorosa simetria entre os núcleos dirigentes do PT

---

36 O Conselho da FRB-Par, *holding* que controla a Varig, ofereceu três assentos a petistas, que não são funcionários da empresa e portanto não se trata de cogestão. Entre os que passaram a fazer parte da instância maior da Fundação, um foi até recentemente – por acaso ? – membro do Conselho de Administração do BNDES, banco estatal que financiará a reestruturação do setor de aviação civil, do qual a Varig é a principal – e muito falida – empresa; a descartabilidade das soluções *ad hoc* é tão rápida que, antes mesmo de este ensaio poder ser editado, o referido quadro do PT já foi ejetado – termo aeronáutico – do conselho da Varig, para dar lugar a outro, cujo melhor acesso ao fundo público garantirá a fusão da Varig com a Tam. Kurz uma vez mais tem razão. Está na hora de reler Milovan Djilas, *Nova classe (Nova Classe: uma análise do sistema comunista*, Rio de Janeiro, Agir, 1958), em que esta se forma a partir do controle do aparato produtivo estatal pela burocracia dos regimes *soi disant* socialistas do Leste europeu combinado com o controle do poder político no partido único. Era, portanto, um projeto de classe, na melhor tradição marxista. No jargão soviético a nova classe chamava-se *nomenklatura*.

37 No caso extremo da Rússia pós-soviética, esse conhecimento e o prévio controle das empresas estatais transformaram-se em verdadeira pirataria, mas os casos das privatizações no Brasil e na Argentina diferem apenas em grau. Os economistas de FHC transformados em banqueiros são hoje legião. A privatização na Argentina sob Carlos Saúl Menem parece saída das histórias do gangsterismo de Chicago. Será que o fato de esta cidade norte-americana sediar a escola de economia mais ortodoxa tem algo que ver? O relato de Horacio Verbitsky a respeito é devastador, a começar pelo título de seu livro, *Robo para la Corona: los fructos prohibidos del* árbol *de la corrupción*, Buenos Aires, Planeta Bolsillo, 1996.

e do PSDB no arco político, e o conjunto dos dois lados simétricos é a nova classe. Ideologicamente também são muito parecidos: o núcleo formulador das políticas de FHC proveio da PUC-Rio, o templo do neoliberalismo, a começar pelo inarredável ministro Pedro Malan, e o núcleo formulador do PT passou pela Escola de Administração de Empresas da FGV em São Paulo, a começar pelo primeiro coordenador do programa de Lula, o ex-prefeito de Santo André, Celso Daniel, barbaramente assassinado, que com toda a certeza teria sido o ministro da Fazenda de Lula. Palocci tomou seu lugar na coordenação do plano e, sem surpresas, transformou-se no ministro da Fazenda de Lula, e provavelmente também será inarredável. Palocci não passou pela escola da FGV, mas o ministro do Planejamento é professor da Eaesp-FGV, e os ministros Gushiken e Berzoini se diplomaram pela escola, que tem, também, muitos professores e ex-alunos entre os assessores do primeiro escalão do Governo. A nova classe tem unidade de objetivos, formou-se no consenso ideológico sobre a nova função do Estado, trabalha no interior dos controles de fundos estatais e semiestatais e está no lugar que faz a ponte com o sistema financeiro. Aqui não se trata de condenação moral, mas de encontrar as razões para o que, para muitos, parece uma convergência de contrários despropositada e atentatória contra os princípios do Partido dos Trabalhadores.

A questão da formação dessa nova classe no capitalismo globalizado na periferia – embora Reich teorize principalmente sobre os fenômenos no centro dinâmico do sistema – deve ser mais perscrutada. De fato, tanto há um novo lugar da nova classe no sistema, sobretudo no sistema financeiro e suas mediações estatais, o que satisfaz um critério de classe de extração marxista, quanto há uma nova "experiência" de classe, nos termos de Thompson: o caso da comemoração do aniversário de ex-tesoureiro da CUT mostra que essa "experiência" lhe é exclusiva, e não pode ser estendida aos trabalhadores em geral; de fato já não são mais trabalhadores. O aniversário seria os novos *pubs*, lugar de frequentação da nova classe. Se nessa frequentação ela se mistura com as burguesias e seus executivos, isso não deve levar a confundi-los: seu "lugar na produção" é o controle do acesso ao fundo público, que não é o "lugar" da burguesia. Em termos gramscianos também a nova classe satisfaz as exigências teóricas: ela se forma exatamente num novo consenso sobre Estado e mercado sustentado pela formação universitária que recebeu, e por último é a luta de classes que faz a classe, vale dizer, seu movimento se dá na apropriação de parcelas importantes do fundo público, e sua especificidade se marca exatamente aqui; não se trata de apropriar os lucros do setor privado, mas de controlar o lugar onde se forma parte desse lucro, vale dizer, o fundo público. Uma démarche de inspiração weberiana veria a nova classe como se formando numa "ação com sentido racional", que é, em última análise, a forma de sua consciência[38].

Olhando de outro ângulo, o ornitorrinco apresenta a peculiaridade de que os principais fundos de inversão e investimento são propriedades de trabalhadores. É o socialismo, exclamaria alguém que ressuscitasse das primeiras décadas do século XX. Mas ao contrário das esperanças de Juarez Guimarães, o ornitorrinco está privado do momento ético-político[39], pela combinação da permanente aceleração da estrutura material de produção e "propriedade" dos fundos de acumulação. A hegemonia, na fórmula

[38] A literatura que referencia essas indicações é bastante conhecida: Karl Marx, Perry Anderson, Edward J. Thompson, Antonio Gramsci, Max Weber. Trabalhei essa questão em "Medusa ou as classes médias e a consolidação democrática", in Guillermo O'Donnell e Fábio W. Reis (orgs.), *A democracia no Brasil: dilemas e perspectivas*, São Paulo, Vértice, 1988, onde as considerava parte importante das classes médias em sua função de *experts* da medida. Creio que esse insight se aparenta com o de "analistas simbólicos" do Reich, mas hoje acrescento à função ou lugar da classe como agente da medida o controle do acesso ao fundo público. Já relembrei linhas acima Milovan Djilas, mas creio que sua "nova classe" se diferenciava pela combinação de controle do aparato produtivo com *partido* único, o que não é o caso dessa "medusa" periférica.

[39] Juarez Guimarães identificou uma crise do neoliberalismo no Brasil, no seu "A crise do paradigma neoliberal e o enigma de 2002", *São Paulo em Perspectiva*, n. 15, vol. 4, São Paulo, Fundação Seade, 2001, que lhe serviu para interpretar a eleição de Luiz Inácio Lula da Silva como um momento ético-político republicano de refundação da sociedade, uma espécie de antípoda do "momento maquiaveliano". Tal interpretação se deu em seminário na Fundação Getúlio Vargas em 9 de dezembro de 2002, no II Seminário Internacional sobre Democracia Participativa, promovido pela Prefeitura Municipal de São Paulo.

gramsciana, elabora-se na superestrutura, e nas suas específicas condições o ornitorrinco não tem "consciência", mas apenas replicação superestrutural: seu teórico antecipatório foi Ridley Scott, com *Blade Runner**.

O ornitorrinco é isso: não há possibilidade de permanecer como subdesenvolvido[40] e aproveitar as brechas que a Segunda Revolução Industrial propiciava; não há possibilidade de avançar, no sentido da acumulação digital-molecular: as bases internas da acumulação são insuficientes, estão aquém das necessidades para uma ruptura desse porte. Restam apenas as "acumulações primitivas", tais como as privatizações propiciaram: mas agora com o domínio do capital financeiro, elas são apenas transferências de patrimônio, não são, propriamente falando, "acumulação". O ornitorrinco está condenado a submeter tudo à voragem da financeirização, uma espécie de "buraco negro": agora será a previdência social, mas isso o privará exatamente de redistribuir a renda e criar um novo mercado que sentaria as bases para a acumulação digital-molecular. O ornitorrinco capitalista é uma acumulação truncada e uma sociedade desigualitária sem remissão. Vivam Marx e Darwin: a periferia capitalista finalmente os uniu. Marx, que esperava tanto a aprovação de Darwin, que não teve tempo para ler *O capital***. Não foi aqui, nas Galápagos, que Darwin teve o seu "estalo de Vieira"?

Julho de 2003

---

* Filme de 1982 dirigido por Ridley Scott, *Blade Runner* é baseado no livro *Do Androids Dream of Eletric Sheep*, de Philip K. Dick. (N.E.)

40 Talvez conviesse relembrar Anibal Pinto Santa Cruz, um cepalino tardio, e muito querido professor de gerações de cepalinos no Brasil e na América Latina, cuja contribuição principal ao pensamento da Cepal esteve em acentuar a heterogeneidade estrutural como marca específica do subdesenvolvimento. Retomando sua contribuição, talvez se possa dizer que o ornitorrinco é uma exacerbação da heterogeneidade estrutural. Ver Anibal Pinto, "Naturaleza e implicaciones de le 'heterogeneidad estructural' de la America Latina", *El Trimestre Económico*, enero-marzo de 1970. México, Fondo de Cultura Económica, 1970, citado em Octavio Rodriguez, *La teoria del subdesarrollo de la Cepal*, 2ª ed. México, Siglo XXI, 1981, que continua sendo a melhor síntese do pensamento cepalino, centrado principalmente na obra de Raúl Prebisch.

** Karl Marx, *O capital: crítica da economia política* (trad. Rubens Enderle, São Paulo, Boitempo, 2013-2017), 3 v. (N.E.)

Este livro foi composto em Garamond, corpo 12/15, e reimpresso em papel Pólen Natural 80 g/m², pela gráfica Rettec, para a Boitempo, em agosto de 2025, com tiragem de 500 exemplares.